明远教育基金
MING YUAN EDUCATION FOUNDATION

追梦区域一体化教育

『四有』好老师系列丛书

顾明远 总主编

管 杰 著

北京师范大学出版集团
BEIJING NORMAL UNIVERSITY PUBLISHING GROUP

北京师范大学出版社

特别感谢顾明远教育研究发展基金

对丛书的大力支持！

总序："四有"好老师引领教师成长

　　2024 年是习近平总书记提出"四有"好老师 10 周年。10 年前的教师节前夕，习近平总书记来到北京师范大学考察，与师生代表座谈。会上，他勉励师生从事教师这一崇高的职业，论述了教师的作用："教师是人类历史上最古老的职业之一，也是最伟大、最神圣的职业之一。"①习近平总书记引用人们常说的一句话："教师是太阳底下最崇高的职业。"并提到，自古以来，中华民族就有尊师重教、崇智尚学的优良传统，"国将兴，必贵师而重傅；贵师而重傅，则法度存"。中华民族 5000 多年文明发展史上，英雄辈出，大师荟萃，是与一代又一代教师的辛勤耕耘分不开的。教师之所以重要，是因为教师的工作是塑造灵魂、塑造生命、塑造人的工作。习近平总书记说："一个人遇到好老师是人生的幸运，一个学校拥有好老师是学校的光荣，一个民族源源不断涌现出一批又一批好老师则是民族的希望。"继而，他希望教师在科技进步日新月异、国际竞争日趋激烈的形势下，认

---

　　①　习近平：《做党和人民满意的好老师——同北京师范大学师生代表座谈时的讲话》，载《人民日报》，2014 年 9 月 10 日。

清肩负实现"两个一百年"奋斗目标、中华民族伟大复兴中国梦的使命和责任，努力为发展具有中国特色、世界水平的现代教育，培养社会主义事业建设者和接班人作出更大的贡献。

怎样才能成为好老师呢？习近平总书记提出了四条标准。

第一，做好老师，要有理想信念。习近平总书记从我国历史上对教师的理解一直谈到今天对教师的要求，提出教师应是"经师"和"人师"的统一。他说，正确的理想信念是教书育人、播种未来的指路明灯。教师要始终同党和人民站在一起，自觉做中国特色社会主义的坚定信仰者和忠实实践者，忠诚于党和人民的教育事业，自觉把党的教育方针贯彻到教学管理工作全过程，严肃认真地对待自己的职责。

第二，做好老师，要有道德情操。习近平总书记说："老师的人格力量和人格魅力是成功教育的重要条件。"合格的老师首先应该是道德上的合格者，好老师首先应该是以德施教、以德立身的楷模。他希望老师把正确的道德观传授给学生。好老师的道德情操还包括师德。习近平总书记说，师德是深厚的知识修养和文化品位的体现，师德需要教育培养，更需要老师自我修养。习近平总书记非常关心教师，他说："现在，很多地方做老师还比较清苦，特别是农村基层小学老师很辛苦，收入不高，物质生活不是很宽裕，有些家庭负担较重的老师生活还比较困难。"他要求各级党委和政府都要关心广大老师的生活。同时，教师要有"衣带渐宽终不悔，为伊消得人憔悴"的精神，兢兢业业做好工作。做老师最好的回报是学生成人成才，桃李满天下。

第三，做好老师，要有扎实学识。习近平总书记说，扎实的知识功底、过硬的教学能力、勤勉的教学态度、科学的教学方法是老师的基本素质，其中知识是根本基础。所谓学识，不仅要有学问，还要有见识。习近平总书记认为，在信息时代做好老师，不仅要有胜任教学的专业知识，还要有广博的通用知识和宽阔的胸怀视野。他要求老师始终处于学习状态，站在知识发展前沿，刻苦钻研、严谨笃学，不断充实、扩展、提高自己。

第四，做好老师，要有仁爱之心。习近平总书记说："教育是一门'仁而爱人'的事业，爱是教育的灵魂，没有爱就没有教育。"他说，教育风格可以各显身手，但爱是永恒的主题。爱心是学生打开知识之门、启迪心智的开始，爱心能够滋润浇开学生美丽的心灵之花。他特别强调，老师要有尊重学生、理解学生、宽容学生的品质。老师要热爱每个学生，不能因为有的学生不讨自己喜欢、不对自己胃口就冷淡、排斥，更不能把学生分为三六九等。他说，老师在学生心目中具有重要地位，老师无意间的一句话，可能造就一个天才，也可能毁灭一个天才。这些讲话都具有很强的针对性，值得老师们认真思考。

习近平总书记所述好老师的标准，既有理论的论述、历史经验的解释，又有对现状的分析和具体的要求，具有很强的针对性和现实性。"四有"好老师一直引领着我国教师队伍的建设。

这十年来，习近平总书记到学校考察时，都要提到教师，提出对教师的要求。2016 年 9 月 9 日，习近平总书记在与北京市八一学校师生座谈时，再一次提到教师的重要，他鼓励教师做学生锤炼品格的引路人、学习知识的引路人、创新思维的引路人、奉献祖国的引路人。① 同年 12 月，习

① 《全面贯彻落实党的教育方针　努力把我国基础教育越办越好》，载《人民日报》，2016 年 9 月 10 日。

近平总书记在全国高校思想政治工作会议上强调，教师是人类灵魂的工程师，承担着神圣使命。[①] 2021 年，习近平总书记在视察清华大学时提出教师要做"大先生"。在党的二十大报告中，习近平总书记进一步强调："加强师德师风建设，培养高素质教师队伍，弘扬尊师重教社会风尚。"上述讲话为教师的培养和专业成长指明了方向。2022 年 9 月 8 日，习近平总书记给北京师范大学"优师计划"师范生回信，希望他们努力学习，毕业以后到祖国和人民最需要的地方去，努力成为党和人民满意的"四有"好老师。2023 年 9 月 9 日，在第三十九个教师节到来之际，习近平总书记致信教师代表时又提出了"教育家精神"。

从"四有"好老师、"四个引路人"、大先生，再到教育家精神，习近平总书记关于教师的一系列论述，形成了对广大教师思想、道德、学识、能力、作风、纪律等方面全方位的系统要求，赋予了人民教师崇高的地位和神圣的职责使命，是新时代进一步打造高素质教师队伍，推进教育高质量发展的行动指南。学习好、领会好、贯彻好、落实好习近平总书记关于教师队伍建设的重要论述精神，对于全面提升教师队伍质量和水平、加快推进教育现代化、建设教育强国具有重大而深远的现实意义。

顾明远

2024 年 6 月

---

① 《把思想政治工作贯穿教育教学全过程　开创我国高等教育事业发展新局面》，载《人民日报》，2016 年 12 月 9 日。

自序：做前沿求索与区域革新的教育追梦者

1989 年，我从北京师范大学（简称北师大）毕业后到北京市十一学校（简称十一学校）任教，先后担任过团委书记、教育主任、副校长，参与了学校的办学体制改革、育人模式改革，亲历了学校创新改革从起步、发展到转型、卓越的过程。

19 年后的 2008 年，我从十一学校来到北京市第十二中学（简称十二中）。十二中在 20 世纪 80 年代率先进行分配体制改革、人员聘任制改革，为首都教育改革发展做出了重要贡献。我在此担任过党委书记、副校长。

2011 年，我被任命为北京市第十八中学（简称十八中）校长。迁址后的十八中当时正处在发展的低谷期。

十八中所在的方庄地区位于北京市丰台区的东部，毗邻西城区、东城区。那时候，每年升学季，方庄地区都要流失一批优秀学生，他们会选择去西城区、东城区甚至海淀区等教育资源相对丰富的地区读书。这使十八中的发展面临很大挑战。

一

十一学校和十二中的任职经历使我深刻地认识到，对于继任者来说，承前启后、继往开来、把十八中做大做强是使命；对于改革者来说，困境就是冲锋令，唯有改革、谋求新平衡才是出路！改革策略有别，改革路径多样，改革手段多种，不可简单复制，必须与学校所处的生态环境和历史阶段相适应，实现自主创新。这便是首创精神。

从海淀区到丰台区，从三尺讲台到执掌一校，30多年来我一直坚守在首都基础教育第一线，在基础教育领域进行了积极的实践和探索，取得了显著成效，逐步形成了自己的教育信念。基础教育应该追求生态性发展，要建设一个区域教育生态系统，一个以多元化的特色教育满足教师、学生个性化需要的区域教育共同体。

随着我国的发展，文化复兴成为我们进一步发展壮大的必由之路。文化复兴需要教育发展改革的支持，更需要教育人的文化自觉。教育治理要以文化的力量来实现，要构建教育的文化实现机制。

当前构建人类命运共同体成为时代潮流，"一带一路"倡议实施使我国在全球发展中发挥越来越重要的作用，京津冀协同发展和新的北京市城市总体规划推动了区域共同体的发展。我们要培养适应时代潮流、符合发展要求的人才，紧紧围绕如何在区域教育共同体中满足学生发展需求的系列问题实施改革创新举措。

二

借着北京市绘制教育新地图、进行优质教育资源均衡化改革的良机，2010 年，在丰台区教委的主导下，十八中所在方庄地区的 27 个教育单位进行了整合，建立了以十八中为龙头校的方庄教育集群，成为北京市教育领域的第一个集群。我被推选担任集群第一届理事会执行会长。

紧紧围绕如何在区域教育共同体中满足学生发展需求的系列问题，方庄教育集群多年来以共享促协同，以协同促发展，以自组织激活他组织。27 个教育单位形成区域教育合力，以特色课程衔接促进学段衔接，以课程有效供给能力建设推进教育供给侧结构性改革，满足了方庄地区近 8000 名学生发展的多样化需求。

现代化教育治理需要多元主体的理性参与。方庄教育集群通过多元主体互动、协作等方式，建立了一套有效的治理体系，使不同的教育主体能够共同参与教育的决策、执行和监督，进而实现教育改革和发展目标。

在集群治理方面，方庄教育集群构建了开放、民主、多元主体共同参与的集群治理体系，实施了资源配置的竖井式布局，提高了资源使用和配置的效率与效益。方庄教育集群尊重自发生长，坚持相互尊重、共赢共生，通过发挥优势、满足需求，形成区域教育合力；尊重原有教育生态，注重教育生态涵养；注重调动有利因素，在供给途径与机制方面引入良性竞争机制，提高资源的使用效能；积极推进生态建设，让每个因子在自己的"生态位"上发展。方庄教育集群以自组织实现区域教育资源的共有、共享、共治、共赢、共荣，最大限度地提高了区域教育资源的利用率，推动了方庄地区基础教育的优质、均衡发展。

方庄教育集群在发展中意识到，需要凝聚和壮大区域教育合力，改变区域教育结构；建立集群代表大会及其理事会、监事会和人民调解委员会等机制，面向社区开放共享集群云平台，开展职业技能培训、技术服务等，使社区居民参与集群治理，切实成为集群的参与者、获益者，从而推动集群教育的社区化进程，促进区域教育治理能力的提升，探索出一条社区协同共建人民满意教育的路径。

三

多年来，我们通过创设区域教育生态系统，对成员间的关系进行非正式组织状态的引导，形成集群意识，发展集群能力；推行竖井式项目管理，以多元化特色教育促进教师专业发展；创设教师校际流动机制，实现教育能量流动由单相到多相的转变；使教学场域扩大到区域层面，通过群内跨校制的实施，使集群教学场域由静态的存在转变为动态的存在，满足学生的成长需求。

方庄教育集群已经建设成一个以多元化特色教育满足教师、学生个性化需要的区域教育共同体和一个由各个领域的教育特色品牌组成的区域教育生态系统，形成鲜明的地缘性、生态性、内生性、自主性、社区化的运行特点。

我们不断推进集群课程体系升级，促进教师专业成长，推动集群育人模式转型，创新集群教育治理模式，实现集群教育的内涵升华，极大地提高了区域教育资源的利用率，推进了协同学习型社区建设，赢得了区域居民的认可。越来越多方庄地区的孩子选择在家门口上学。这实现了区域教育共通、共识、共治、共享、共赢的目标，推动了方庄地区教育的优质、均衡发展。

方庄教育集群不是一个他组织，而是一个实践社会治理的自组织。我们要把集群成员校团结起来共同发展，更好地服务学生，把资源整合起来提高利用率，发挥最优的教育效益；还要充分地彰显每所成员校的个性，实现每所成员校的自我发展，发挥每所成员校的首创精神。按照比较优势理论思维，方庄教育集群突破了原来成员校之间不合理的竞争，促进了成员校相互间的协作，促使区域教育遵循人的成长规律，依照办学规律来实现协同发展。

方庄教育集群应挖掘每所成员校的特色和优势，让每所成员校都有自己的声音。学校不应有好坏之分。差异是宝贵的资源，教师的差异、学生的差异、学校的差异、家庭的差异、社区的差异都是资源。教育不应该把学校、家庭、社区与教师、学生、家长等同质化，剥夺教育服务对象的选择权。

方庄教育集群不应追求一家独大，其发展的理想状态是各美其美，美美与共。"美"不是用来争艳的，而是因为共享互增色彩，协同实现共育。各美其美是指特色衔接，每所成员校要坚持自己的特色；美美与共是指方庄地区在打造一个集群"美"的平台，建设一个互惠互利、普惠普利的平台。

有"好老师"，才会有优质的教育。如果教师能在集群内流动起来，就可以减小成员校之间的差距。方庄教育集群承担了教育部委托的"区域教师的专业发展与人力资源的共建共享"课题的研究工作，探讨建立集群首席教师制，引领集群教师共同成长。

方庄教育集群就是要找到第三空间，把政府、学校、企业、社会的力量有效地整合起来，形成教育合力。

办好一所学校，开辟一条通道，引领一个区域，闯出一片天地，是我的教育梦想。苏格拉底说过，世界上最快乐的事莫过于为理想而奋斗。作为一个为教育理想而奋斗终生的人，尽管我经历了很多的艰辛，但我是幸福的。教育没有终点，它永远朝向未来。我要为实现心中的高质量教育而一直求索，不停歇！

目　录

第一章　角色转变中的成长与超越 ………… 1

　1　求学之路　　3

　2　我所经历的学校　　13

　3　区域教育的探索　　21

第二章　教师个体到群体成长的"切磋琢磨" ………… 49

　1　自发性的教师成长　　51

　2　共同体的课例研究　　80

　3　自发性的教师发展共同体建构　　95

第三章　育传承君子品性的现代人 ………… 109

　1　新时代关于育人的现代化的认识　　111

　2　首都现代化学校的发展愿景　　122

　3　现代化的学校教育实践原则与探索　　133

第四章 共享、共治、共赢的方庄教育集群探索 ………… 181

   1 美美与共，推动集团的多样性治理   183

   2 集群教育治理创新与学生区域性发展实践探索   202

   3 学区制集团化办学背景下的区域发展行动   238

后 记 ………… 307

第一章

——

角色转变中的成长与超越

从做一位好老师到办一所好学校，再到构建区域
教育协同发展的集群，我在角色转变中不断创新。心
有大我，成长路上，不断超越自我！

1

求学之路

从小学到中学，我因为患有哮喘，成长之路格外艰辛。好在母亲是教师，父亲是校长，耳濡目染，我的学业倒是未被耽搁；反而因为这个病，我比旁人更为重视锻炼身体！家庭熏陶与疾病鞭策下的学业、身体双轨并进，为哮喘少年的教育人生奠定了基础。

一、我的启蒙老师

我的父母都是老师。

我的父亲当过小学教师，后来长期担任小学、中学校长；我的母亲是小学教师。

他们都是优秀的教育工作者，一心扑在教育事业上，非常忙碌。四五岁时，我就被母亲安排在她所带班级的最后一排"上课"了。

那个年代正式上学的年龄是 7 周岁。我是班级里年龄最小的那个"学生"。哥哥姐姐们都喜欢我，但有时候我也会惹他们生气。

哮喘病是我童年的梦魇，差点要了我的命。

也因为这个病，我在母亲的班级并没有待很久，就被送到了乡下祖母家——一座海岛上。

那座海岛非常美丽。晨曦微露，我跟祖母去赶海，脚踩细沙。海水拍打着我的小腿儿，让我感到无比惬意。在身体允许的情况下，我常在岛上跑动，那无拘无束的感觉溢满身体里的每个细胞。岛上的海产品很新鲜，肉质甜美，至今想起仍满口生津。我还喜欢海岛的夜，古朴，静谧，繁星满天。我常常站在屋顶，张开双臂，迎着海风，想象自己在飞翔。

祖母是典型的农村老太，忙忙碌碌，看上去是没什么特别的。因为想治好我这个病，除了劳作之外，她在我身上倾注了全部的心血。在那个交通很不方便的年代，虽然因为住在小岛上出行困难，但我们基本跑遍了方圆百公里的医院。各种治疗方案都试了，但对治疗我的病并没有效果。于是，她又逛遍了周边村庄，四处寻找"秘方"。

当年物质匮乏，甭说肉了，就是鸡蛋，村里人都是一个一个攒起来，等谁家有了生孩子等大喜事，当作贵重的礼物给人家送过去。祖母自己攒下的鸡蛋都给我吃，不够吃就用节省下来的钱去买。

为了让我的身体更加强壮，祖母总是想方设法给我改善伙食。每隔十天半月，她还会带我出岛去吃上一顿。

为了治好我的病，祖母竭尽所能。即便如此，我的病也未见好转。

有一次，我喘得实在厉害，好像我的命随时都会被夺走。邻居便提醒祖母："把孩子送到他爸妈跟前儿吧。这要是在你这儿有个三长两短，责任你担得起吗?"祖母则说："孩子这病在我这儿治不好，到哪儿都治不好。"

这句话影响并温暖了我一辈子。以至于后来当我遇到挫折困难准备放弃的时候，我就会想起祖母的这句话。它能激励我哪怕举步维艰亦坚定前行! 它告诉我没有做不好的事情，只要努力就有一线希望，有一线希望就有可能成功!

祖母身上那种坚忍的意志品质、积极向上的生活态度、对重要的人与事的无限执着，以及流淌于血液中的深沉的爱，对我后来的人生、事业都产生了积极的重大影响。

虽然父母都是老师，但在我心里，我的启蒙老师是祖母。

二、小学时的"体美劳"

待我 7 周岁正式上学时，父亲是我们小学的校长。他全身心投入教育事业，重视德育、智育，同样非常重视对学生"体美劳"的培育。当然，与现在完备的课程体系相比较，那时候的"体美劳"课程似乎简单许多，但实施效果一也点不差。

母亲主要教我们语文，也教我们数学。印象中那时的大多数教师都是教全科的。

母亲的语文课上得很有魅力。

当年在被母亲"扔"在教室最后一排的那段时间，一次语文课上，母亲给大家朗读了一篇课文。具体篇名不记得了，我只记得哥哥姐姐们边听母亲读边流眼泪。我也跟着哭，那使我较早地感受到了课堂的魅力。

母亲的课很受欢迎，她也将全部身心放在教育事业上。那时候母亲没日没夜地备课、批改作业。每天晚上，我都是看着她飞驰的笔，时而严肃、时而微笑的脸入睡的。

父亲有一把军号。每天早上大概5点，军号声就会在村头响起。不一会儿，散在各家各户中的小学生们就会陆续从热炕头上爬起来，到村口集合。在父亲的带领下，大家绕着村子跑起来，也不知道跑几圈，似乎也不知道累，就那么跑。直到父亲停下来说解散，大家才各自回家吃早饭，然后再陆陆续续到学校上学。

无论春夏秋冬，莫不如是。经年累月，竟然很少有谁缺席。这说明大家都喜欢运动，且身体都不错，很少有生病的学生。

上小学时，我们经常有演出，不仅要在学校里演，而且要组队，走进村里，挨家挨户到家里给成人们演。我喜欢曲艺，爱表演相声，说学逗唱"样样精通"，是学校和周围乡村里的"笑星"。也因此，我能得到村里成人们奖励的花生、瓜子。上级还会组织宣讲团，在各中小学选拔部分学生学习宣讲。内容大多是好人好事，利用升旗时间由宣讲团成员给全体师生讲。我总是其中的主力成员。

当时小学的教室条件简陋，学生坐的是长条凳，课桌也是大长条的。北方的屋顶是"人"字形的，比较高，冬天室内温度很低。常常上着课，老师会突然喊一嗓子："来！大伙儿喊一二三，一起跺跺脚、拍拍手！"以此帮我们取暖。为了让教室暖和些，在老师的指导下，我们自己动手，糊顶棚，建煤炉。

糊顶棚是"技术活"，需要先用铁丝在教室上方的适当位置——不能太高，否则起不到更好的保暖作用；不能太低，地上有炉子，怕被火燎着了——纵横相间地"织"就一张网；再用一块块洋灰纸，借助铁丝的骨架糊满顶棚。

建煤炉要在秋天时做准备——打土坯。我们学生自己做模子、和泥、晾晒。遇上下雨天，我们还得用塑料布封盖。晾晒好了，我们便将土坯码放在教室后面，一入冬就开始动手建煤炉。煤炉建在教室中间一列，从讲台附近一直延伸到教室后排。前面是煤炉，烧煤炭，使热气从前往后走；烟囱设在教室后面。这样教室中间就形成了一长排"暖气设备"。所以，那时候换座位，同学们不是争着靠窗户，而是愿意换到教室的中间位置，挨着煤炉坐。

在学习之余，我们还会去野地里拔猪草。因为学校里养了猪，拔猪草是学校勤工俭学的一项举措。这为学生提供了接受劳动教育的好机会。我们去开荒建梯田，那股子积极性不比在学校上课差。如果遇上下雨天，我们还会去帮着百姓抢收花生和麦子。

那时候我们参加劳动完全出自本心。有一次，学校建议家里有红薯苗的可以自己动手栽种、观察。我家不种地，没有红薯苗，本来是可以不参加的。但是，我创造条件也要参加！

学校有一片菜地，学生可以有自己的一片"责任田"，我的那片地总是被翻得很松软。有一次种油菜，当其他同学地里的油菜苗都已破土而出时，我的那片地还"毫无动静"。那几天，我一有空便去地里观察，就是不见小苗长出来。最后反复查找原因才发现，是我的"溺爱"造成的——为了给油菜籽足够的养分，埋好种子后，我又从别处弄来厚厚的一层土盖在上面。结果就是土层太厚，油菜苗"钻"不出来了……

细细想来，儿时这种村里小学的学习生活其实对我们个人成长来说意义重大。这恰恰提升了我们的综合素养！

回想那个物质相对匮乏、教育理念还不系统的年代，五育也是那样自然地、原生态地融合在一起了。父亲和母亲那代教育人有意或无意地践行着"五育并举"的理念，乡下的孩子们同样接受着素质教育。我就是在这样一个环境里度过了小学时光。这不仅为我的成长打下了良好的教育基础，还为我日后从事教育事业提供了丰富的养分。

三、中学里的"传奇"

初中时父亲被调到城镇当中学校长，我们一家都搬迁到了镇里，我就到城镇上学了。

祖母由于留恋家乡的热土，还住在岛上。于是，那时候每到周末，我都会独自骑着自行车回乡下，周六一大早出发，周日下午赶回来。路途中我要经过崎岖不平的土路、山路，来回骑行6小时多，就为了能跟祖母有一段相聚的时光。跟祖母在一起时，我白天跟她去地里，晚上回来写作业。

我常会被接到祖母家养病。岛上的空气好，尤其可以吃上祖母亲手种的黄瓜，吃上那一穗穗刚从地里瓣回来的用大铁锅煮的鲜玉米……这让我身心愉悦。所以，我是很愿意回祖母家的。

大家可能担心这样来回"折腾"会不会耽误学业。事实上，在中小学阶段时，我的父母更关心我的身体。当然，我的学习总体还不错。

我的父亲不仅勤勉，对待工作也十分认真。当我不生病的时候，我的父亲对我的要求非常严格，几乎不允许我犯错误。他跟我说他是学校的校长，我在学校犯了错误并不会得到包庇。所以，我从小就懂得约束自己的言行。

一个懂得慎独的孩子，学习自然不会不好。但有一科例外，就是英语。这倒不是说我天生不爱学英语，也不是说老师教得不好，只是因为我和老师太熟了。加上他说话时带点口音，因此上他的英语课时，我的精力主要集中在他说话时的口型、语音上，就是不能沉下心来学习。这样上高中时我只好改学了俄语。

由于学习好又爱组织、参加各种活动，因此在中学时代，我一直是学校里的"公众人物"。回想起来，这些能力的养成与小时候的一个"团"有关。

那个团叫"讲荣团"，是我上小学时加入的。入团的学生要讲自己和身边的荣誉故事。我的母亲特别重视这个事情，亲自指导我写自己的荣誉故事，还一句一句地训练我声情并茂地讲出来。她告诉我记忆的方法，以及如何才能够不怯场地自信表达。我所经历的那段严格的训练让我在公开场合讲话有了底气和自信，也开始对自己的形象特别在意。这对我日后参加学生会、各种社团时能游刃有余是大有裨益的。记得上高一时，有一次学校组织朗诵会，我选择朗诵了一首诗。当时的校领导有点吃惊，还特意向我的父亲说起："没想到，小杰的朗诵那么好！"后来，学校再有运动会之类的大型活动，我自然而然地就被安排做主持人了。

我考上了县里最好的高中，但我的父亲关心的仍是我的身体。

在高中阶段，随着身体发育的成熟、锻炼习惯的养成，渐渐地，我的哮喘病在不知不觉中自愈了。虽然病症消失了，但它让我对健康、对生命、对人生有了更为深刻的认识，磨练了我的意志。

我在不同的场合都说过：体育救了我的命！这是心里话，是"死里逃生"中总结出来的刻骨铭心的经验。也因此自踏上教育之路，无论是做教师还是做校长，我始终将体育工作作为重中之重！"无体育不教育""无体育不成长""无体育不健康"，是我从小学到中学的体育锻炼经历中所悟到的，也是我作为教育工作者所遵循的教育原则。

四、求学北师大

1985 年，我考进了北师大体育系。高中扎实的体育锻炼和北师大浓厚的学习氛围为我丰富多彩的大学生活插上了翱翔的翅膀。

北师大的前身是 1902 年创立的京师大学堂师范馆，是莘莘学子梦中的象牙塔！

北师大给学生提供了优质的学习和生活的平台。除了学习，我仍坚持体育锻炼！因为底子好，加上刻苦训练，我的篮球技术迅速提高。很快，我被选为篮球队队长。那个曾经的哮喘病患者，那个经历了小学拔猪草生活的学生，那个中学时 5 点起床摸黑跑跳、腾挪的"笨鸟"，进入大学后，如蛟龙入海，自由自在，学习生活适恰惬意。至今我都感激中小学经历的学习与生活。

北师大的学习环境非常好。我们的学习并不受专业所限，很多名师的课都是公开的。教室的大门是向每位学子开放的，不论院系、专业。我那时候奔跑在校园里，四处听讲座。我对自己感兴趣的知识有一种天生的渴望。

记得小时候跟祖母生活在一起，我喜欢抱着收音机听小说，那是一种近乎痴迷的状态。在我听小说的时候，别人哪怕就在我身边做什么事、说什么话，一概入不了我的眼和耳；我是看不见别人，也听不见别人说话的。我觉得收音机里描述的世界太精彩了，我是那么渴望走进那个多彩的世界！

我喜欢画画。自己拿一张纸，有时候就是报纸，用笔写写画画，想把自己眼睛看到的和自己听收音机后心里感觉到的事物画出来！来到北师大，看到了画里那个更大的世界，我对学习更加如饥似渴。

为了学好各门专业课，我会很早来到专业教室。大学的课程有很多，但是我不想落下任何一门，并且还选修了很多专业课之外的课程。我选修了教育系、历史系、中文系的课程，也常常去旁听名家的课。这为我后来快速适应工作打下了坚实的基础。

我还喜欢阅读。尤其是教育家苏霍姆林斯基的那本《给教师的 100 条建议》，我不知道翻阅了多少遍。这自然是受了母亲的影响。其实，我在上小学时就翻看过这本书。上中学时，我就曾完整阅读过这本书。现在想来，这对我日后从事教育事业是产生了潜移默化的影响的。我周末经常就待在图书馆里，阅读《教育论》《教育漫话》《陶行知文集》《苏霍姆林斯基选集》《爱弥儿》《窗边的小豆豆》……好书的确可以影响人生。

那时教育已经非常受重视了。1985 年，我考入北师大，那时正值国家正式设立教师节。那年邓颖超同志来北师大与师生共庆教师节。1989 年，我大学毕业，之后同几位北师大人来到了中国基础教育改革的窗口校——十一学校。

2

我所经历的学校

大学毕业后我走进十一学校，把 19 年的青春热血洒在了这里！从一位普通教师成长为十一学校的副校长，后来在丰台区教委领导的一再邀请下，我离开十一学校走进了十二中；3 年后，我做了十八中的校长，走上了教育人生的另一个高度。

一、在十一学校当教师

事实上，1989 年的十一学校尚未开始改革。

我一进学校，老校长就安排我做了教工团的负责人。教工团是我们几位北师大人来之后才成立的，或者说就是为包括我们在内的一批青年教师成立的。当时校长给我布置了几个课题，包括如何快速完成从学生到教师的角色转变等，其核心就是要让新入职的这批教师树立正确的世界观、人生观和价值观。

当时我们不仅从报纸、书本上学，还带领青年教师走进一线学。那时候，门头沟区斋堂中学有一位名师，硕士毕业以后扎根门头沟教育 30 年。我们集体听他讲自己投身教育教学几十年如一日的故事，非常感动。当时很多人流下了眼泪，也有个别同学起初想不明白。为此，我们还展开了讨论。这对我们树立正确的世界观、人生观和价值观是大有助益的。

我们还邀请过一位殡仪师来学校开设讲座。他告诉我们，他做过各种苦力，后来去八宝山做殡仪师，干一行爱一行，把这项工作做到了极致。他非常朴实，但一个个故事感染了我们！本来有同学因为不能去大学教书而感到懊恼，听了殡仪师的故事后下定决心要做好当下教师的工作。

教工团当时还请了很多名家来十一学校为我们上课。作为负责人，我全程参与其中，包括确定嘉宾人选、邀请嘉宾出席活动、与嘉宾协商讲座主题等。因为是组织策划者，我思考得自然要比普通教师多一些，所以我的成长也更快。

初为人师，我们在备课时格外上心。当时，学校宿舍走廊里有一面镜子，有不少教师每天会对着镜子练习讲课。我们为了打磨教案，会反复试练并修改完善。跟众多新教师一样，经过历练，我们成功从大学毕业生转型为教书育人者。

我对十一学校是饱含深情的。我在这里绽放青春，积蓄力量，从默默无闻到影响一方。可以说，我为十一学校的发展挥洒了自己的青春热血，十一学校也为我精彩的教育人生路奠定了基础和方向；我见证了、参与了十一学校的改革，为十一学校的发展贡献了智慧，十一学校也为我后来的教育人生积淀了智慧。

二、从"十一"到"十二"

十一学校具有改革基因，标志性人物就是李金初，幸运的是，刚踏入基础教育领域，便碰上了他。我刚到十一学校的时候，改革已在酝酿。我有幸成为亲历者，这为我今后在基础教育界的实践探索埋下了改革创新的种子。

经过充分酝酿，1992 年，老校长在全国率先提出"自主筹集日常办学经费、自主招生、自主用人、自主工资分配、自主教育教学实验改革"的"五自主"办学改革思路。这一理念在第二年被进一步完善为"学校国有、校长承办、经费自筹、办学自主"，简称"国有民办制"。1995 年、1996 年，十一学校先后被海淀区教委、北京市教委批准为办学体制改革试点校。

在自主制度的保障下，十一学校进行了一系列改革，包括教代会对校长实行的无记名信任投票制度。如果信任票不能过半，校长就直接下岗。十一学校还推行评聘分开、全员聘任、结构工资等劳动人事制度，坚持"提倡优秀、反对平庸、不养闲人"的用人原则，极大地激活了教职员工的工作积极性。

十一学校创新了"有选择、无淘汰"的分层教学制、走班制、初高中贯通培养的二四学制。加上政策允许，十一学校可以面向北京全市招生。大批优秀学生慕名而来，十一学校的发展很快进入良性循环！

引用一组数据，2007 年，十一学校的净资产是 1995 年的 20 多倍，新建了高质量的校舍，完成了彻底重建。十一学校的办学规模达到 100 个班，成为当时北京办学规模较大的学校。因为灵活的用人制度、优厚的教学条件，十一学校成为全国优秀教师的聚集地。当时 400 余位教职工中有 18 位特级教师，有 28 位博士、103 位硕士。

2005 年，我已担任十一学校的副校长，丰台区政府主抓教育的领导邀请我到丰台区从事教育工作。2008 年，我决定到丰台区工作。当时区里给了我一个新的发展平台——在十二中担任党委书记兼副校长。

事实上，当时海淀区有不少学校也找过我，为什么我最终选择了十二中呢？除了有丰台区政府、丰台区教委领导的一再邀请的原因，再有就是在十一学校工作时十二中这所学校就让我钦羡过。

1982 年至 1986 年，陶西平先生担任十二中的校长。陶校长与方军燕书记共同提出了"同心同修、兢兢业业，为十二中在 1990 年进入首都第一流学校的行列而奋斗"的改革目标。围绕这一目标，陶校长在十二中推行校长负责制试点，组织校领导班子认真研究。他们一致认识到，新的校长负责制要求校长在上级行政部门的领导下对学校的人事、教育改革、经济等工作全面负责。

当时陶校长提出，办学要办厂，办厂为办学。在陶校长的带领下，十二中创办了全国第一家校办工厂，并且坚持"不等不靠"的精神。在丰台区委、丰台区政府的支持下，陶校长带领十二中人立志将十二中的"全国第一所校办工厂"发展成"全国效益较好的校办工厂"。

1985 年,十二中的校办工厂已发展成有港商投资的外向型企业。其办厂经验在全北京市、整个华北地区乃至全国得到推广,堪称一面旗帜。

陶校长认为,学校的首要任务是培养人,是要出人才。他提出"不向国家伸手,力争一年一座楼,早日向现代化迈进"的口号,利用校办工厂的收入改善办学条件。

当年陶校长认真研究了新中国成立后 30 年教育事业发展的道路,提出了实现教学过程整体优化的主张,把教学改革的重点放在加强学生能力的培养与智力的开发、发挥学生在认识过程中的主体作用、培养学生的创造精神、加强课外教育,以及发展学生的个性特长这几个课题上。

我在十二中工作了将近 3 年,非常荣幸与时任专家型校长李有毅搭班子。记得我上任后的首要任务是处理校办工厂职工问题。当年一些教师从教师岗转到工厂当工人,工资待遇比教师高很多。但到了 2008 年,校办工厂面临转型,一些职工又要求回到学校任职。作为十二中的党委书记,我深入了解了大家的需求,奔走协调,顺利解决了这一难题。在此过程中,十二中的领导、教师对我有了更深的认识,我也对十二中有了更多的了解。

三、来十八中当校长

十八中是一所有着 90 余年光荣历史的老校,其前身是成立于 1933 年的大兴县(现大兴区)自强小学。1933 年,大兴县自强小学建立,系县办六年制完全小学,有 1 年级至 6 年级 2 个复式班、学生 40 人、教职工 4 人。

1937 年，大兴县自强小学改名为大兴县新民小学。1944 年，大兴县新民小学改名为大兴县立完全小学。1945 年，大兴县立完全小学改名为大兴县中心国民小学。1949 年，大兴县中心国民小学改名为南苑镇中心小学。

1951 年，南苑镇中心小学开办了 2 个中学班，共招收了 108 名学生。1952 年，南苑镇中心小学招收了 4 个中学班。同年，中学班从南苑镇中心小学独立出来，被北京市人民政府文教局命名为十八中。十八中的校址暂定南苑镇中心小学。这就是说，1952 年，十八中的校名被正式确定。

1953 年，十八中的新址基建工程确立，地址在大红门东前街 74 号。1955 年，新校址主体设施全部竣工；7 月，十八中全部从南苑镇中心小学迁往新址。9 月，十八中开始招收高中生，首届有 2 个班，共 98 人。

1990 年，高中部迁至丰台区方庄芳星园二区 11 号，也就是现在十八中本部所在地；初中部留在原址。1993 年，初中部被剥离，十八中被正式分为两所学校。2009 年成立西马金润校区；2013 年 6 月成立十八中附属实验小学；2013 年 9 月北京实验小学彩虹分校并入十八中附属小学；2015 年成立十八中左安门校区……后来十八中教育集团逐步壮大，到 2023 年已经变成有着 18 个校区的教育集团。

2011 年，十八中原校长钟灵赴任丰台区教委副主任，我来到了十八中，担任校长一职。

十八中所在的方庄地区位于丰台区的东部，离东城区、西城区、朝阳区都不算远。这也为区内的家长提供了让孩子上其他区域优质高中的机会。就是在丰台区 4 所示范性高中当中，那时候十八中的中考录取分数线也是比较低的。

要改变生源问题，根本是要提升学校的办学质量。改变现状应该从哪里开始呢？我亲历了十一学校的改革，也在十二中任职了几年。关于提升学校办学品质的改革，无论是在理论层面还是在实践层面，我都是有所思考的，不能操之过急。从人入手，从身边的人开始改变。我每天早上7点前就会到学校，晚上七八点才离开学校；每天会把学校的每个教室都巡视一遍。我坚持了一段时间，也发动校领导转教室、听课。我将这种奋斗的理念和行动传递给身边的领导干部和教职员工。我坚持以人为中心，强调建立良好的师生关系，让大家彼此尊重、相互理解。

教师是教育的根本。学校要营造信任与尊重的氛围，不要把教师盯得太紧，而是让他们自觉自愿地投入教学工作。我不要求教师全天坐班，实行弹性上下班制。同时学校还在工作空间和家庭生活空间外尽可能给教师提供第三空间。瑜伽、舞蹈、合唱、睡眠培训课……教师需要什么，我就四处奔走寻找资源和平台，把给教师"减负"变成常态。

要让教师全身心投入教学工作，校长就要解决他们的后顾之忧，要真心帮助他们解决难题，让他们能感受到学校领导是设身处地为他们着想的。依据马斯洛的需要层次理论，要满足教师的安全需要，要满足教师的自我实现需要，我想办法协调解决教师子女上幼儿园的问题，想办法给教师开辟多条培训路径，请专家学者入校开设讲座、面对面指导教师开展教科研工作等。很快，教师的精神面貌有了很大的改善。

在留住区域优秀学生上，我亲力亲为，为家长、学生分析学校的优势。我还将更多的精力放在教师的精神引领上。我告诉他们，把素质好的学生教好固然重要，但把大部分中等生和学困生教好才是学校真正的本事。学生基础不好的成因千差万别。我鼓励教师多投入时间去了解这些学生，对他们进行科学诊断，对症下药。教师的责任心上来了，学生自然也就进步了。

都说有一个好校长就会有一所好学校；在我看来，有一个好校长必须依靠好老师。我会经常研究教师的兴趣点在哪里，针对教师关注的领域去重点扶持。这样学校就会有新的发展和突破。

我把自己的联系方式向全校师生公开，每个人都可随时向我提出意见和建议。我希望在带动教师专业成长的同时，让他们有满足感和成就感，并在此基础上促进学生的成长。

我努力营造宽松的办学氛围，充分发挥学生的主体性，创造适合他们自由、自信成长的空间。我们改造了校园环境和教学设备，开设了丰富的校本课程，满足了学生的兴趣发展需求。比如，学校为期两周的艺术节活动全部由学生自主策划实施，让学生尽可能体验生长和生命的意义，成长为具有"健康的体、温暖的心、智慧的脑、勇敢的行"的优秀青少年。

改变是一个过程。改变教职员工，完善办学理念，改善办学环境……十八中很快便积蓄起一股积极向上的力量，将过去的那种教师间闲散懒惰的氛围驱散，直至消失。领导干部改变，教师也改变，教师又会去影响学生。这样十八中向积极的方向改变，独具特色的校园文化正在形成！

与此同时，在丰台区教工委和教委的支持下，以十八中为龙头校的方庄教育集群正逐步走向成熟！

3

区域教育的探索

　　在新时代的背景下，随着社会发展速度不断加快，社会群体对优质教育的需求与日俱增，优质教育资源分布不均的问题已经成为我国基础教育领域亟待解决的问题。在解决这一问题的实践过程中，我们成功进行了具有生态性管理特色的集群模式探索。

一、为什么要建立集群

　　学区制和集团化办学的刚性集权管理模式提高了区域内重新合理优化配置教育资源的效率，在很大程度上推动了区域教育优质、均衡发展。

　　这种刚性集权管理模式不可避免地存在一定的弊端。它会造成优质教育资源机械流动、简单叠加、单向输出和表面化分享，变成捆绑式发展。

在集团化办学过程中，集团成员校越多，并存的文化因子就越多，集团文化建设在实践中的操作难度就越大。面对多种文化因子，如果简单地以龙头校的文化为教育集团文化，将龙头校的文化进行单向复制和输出，使教育集团成为扩大版的龙头校，成为一种"摊大饼式"的发展模式，就会导致成员校的办学特色不鲜明，容易出现集团文化"同质化"的弊端，缺乏办学活力。

单一文化视野毕竟有限，难以适应大规模教育集团发展，势必会对教育集团的发展造成一定制约。

一个区域就是一个教育生态系统，是一个统一的、有机的、复杂的系统。教育生态系统中每个因子都有自己独特的"生态位"，借以与其他因子区别开来。所以一所学校只能占有一个"生态位"。

教育生态系统中各因子在占据自己的"生态位"的同时，又动态地呈现为统一与矛盾、平衡与失衡的状态。在教育生态系统中，不同"生态位"的群体之间是相辅相成、相互促进的，任何一个因子的变化都会通过生态网络关系的变化而影响其他因子的变化。

教育生态系统中各因子之间要建立起一种自然的、健康的、合规律的、相互支持的、互促互进的和谐关系。这种教育生态系统能最大限度地消除各种消极因子，使自身保持足够的活力和张力，使教育教学工作处于高效状态。每个因子都能在自己的"生态位"上和谐发展、自由生长，呈现出百花齐放的状态，从而实现区域教育的共享、共融、共创、共赢，真正实现区域教育的优质、均衡发展。

显然，学区制、集团化办学不利于区域教育生态的涵养和建设，区域教育从集权走向生态性发展已经成为必然的趋势。在区域教育的生态性发展方面，北京市丰台区进行了有益的集群制探索。

以十八中为龙头校的方庄教育集群探索起源于 2009 年暑假。

二、集群"种子"萌发：2009 年暑假

十八中位于丰台区方庄芳星园二区。穿过一条小马路，芳群园一区还有一所学校，就是中央音乐学院附属中学。两校虽然相距不远，但中央音乐学院附属中学是教育部直属学校，十八中归丰台区教委主管，不在一个系统内。所以，两所学校长期以来基本上是自我发展的状态。

要想实现突破性发展，必须打破传统的思维逻辑。

中央音乐学院附属中学作为音乐专业学校，拥有强大的音乐师资和课程优势；作为市级示范校，十八中名师荟萃，拥有优质的基础教育课程资源，在文化课教学方面具有很强的优势。这两所学校如果合作办学会产生什么样的"化学效应"呢？

如果两所学校联合起来，共享资源，优势互补，一定能够极大地推动两校的共同发展。这个想法迅速得到了丰台区教委和方庄办事处的大力支持，也得到了中央音乐学院附属中学的积极响应。

2009 年暑假，在丰台区教委和方庄办事处的积极推动下，新学期一开始，两校的资源共享的合作办学试验就进入了实施阶段。

在没有增加任何投资的情况下，中央音乐学院附属中学的学生能享有市级示范性高中的优质文化课教学，基础文化素质得到迅速提高。十八中的学生能享有音乐专业院校师资的教学，极大地提高了音乐素养。资源共享的合作办学试验得到了两校学生和家长的一致认可。

既然十八中和中央音乐学院附属中学能够合作办学，为什么方庄地区的其他学校不能突破边界、共享资源呢？

十八中和中央音乐学院附属中学合作办学的初步尝试使丰台区教委产生了将这种共享资源的合作办学扩大的工作思路。这是因为方庄地区汇聚了多所高中、初中、小学、幼儿园、职业学校、民办教育机构，已经具备了区域联合办学的学校正态分布条件。

丰台区教委的工作思路得到了方庄办事处的大力支持，也得到了方庄地区其他学校的积极响应。经过充分的调研、沟通，在丰台区教委和方庄办事处的主导下，以十八中为龙头校的方庄教育集群开始筹划建立。

"集群"这种区域教育发展模式得到了丰台区政府的高度重视和肯定。《丰台区"十二五"时期教育事业发展规划》对集群实验进行了明确的规划，确立了政府主导、学校协同、资源共享、特色衔接、共同发展的集群机制，使方庄教育集群成为丰台区政府主导的教育实验项目。

2010年，以十八中为龙头校的方庄教育集群正式建立。

由此看来，方庄教育集群的建立不是自上而下的捆绑式发展的行政指令，而是自下而上的教育主体意识的萌发。之后几年的实践证明，这种自下而上的创新理念具有旺盛的生命力。

三、集群初级发展阶段：区域资源共享

2011 年，方庄教育集群按照丰台区政府和丰台区教委的部署，全面展开集群实验和实践。

首先积极与丰台区教委、成员校和社区协调，成立了由教委、成员校、社区和家长代表共同组成的方庄教育集群管理协调中心，建立了集群的管理、协调机构。为积极发挥集群龙头校的作用，十八中设立了方庄教育集群办公室。集群办公室成员由成员校副校长或主任组成。

集群办公室在方庄教育集群管理协调中心的指导下，对集群建设进行了全面规划，制定了《方庄地区教育集群化发展实验区规划方案》，积极进行内外联系、沟通、协调，以及集群课程的建设和资源共享的调度等工作。成员校设有专门的集群联系人，进行集群共建。十八中在校园网上设立了专门的方庄教育集群专栏，后来又建立了方庄教育集群云平台，及时发布关于方庄教育集群的课程信息和进行资源共享建设。

方庄教育集群还建立了集群教师科研中心、集群教师培训基地、集群家长培训中心、集群教育质量测评中心、集群校长论坛、集群班主任论坛等集群发展支撑平台，实现了教学硬件、软件、课程、师资等教育资源的共享。

例如，对于十八中的音乐厅，成员校只需提前在网上预约即可免费使用，如果使用时间有冲突则由集群办公室协调。对于十八中的名家进校园活动，集群云平台及时发布信息，成员校无偿共享。走进集群的名家有北

京大学中文系的教授、知名足球教练、武器专家、知名编剧、播音艺术家、作家等 30 余人。在师资共享方面，中央音乐学院附属中学与十八中教师实现"交叉站讲台"，实施效果很好。

在丰台区教委的领导和全体集群人的共同努力下，2011—2012 学年结束时，方庄教育集群资源共享的目标已经基本实现，方庄教育集群的实验取得初步成功。

四、集群中级发展阶段：以课程为核心

面对已经取得的成就，我们并没有满足。我们清醒地认识到，这种以区域资源共享为主要功能的集群只是一种"抱团取暖"式的初级发展阶段的集群，只能解决方庄地区教育的"温饱问题"。要全面提升方庄地区的教育水平，使方庄地区的教育达到"小康水平"，必须对方庄教育集群进行升级。

在丰台区教工委和丰台区教委等相关部门领导的积极支持下，在丰台区教委中教科、小教科等相关科室的积极配合下，方庄教育集群确立了"立足于师生的生命价值，服务于师生身心的全面健康发展，打造以课程为核心的优质区域教育生态，推动方庄地区教育的优质、均衡、内涵发展"的集群升级战略。

（一）横向贯通，课程资源优势互补

方庄地区集合了普通教育、职业教育和成人教育；基于传统，不同成

员校又有各自的特色优势课程。既然同处在一个集群生态之中，各种优势课程资源的开发、共享便成了一种自然而然的生发。

1. 构筑区域生态精品课程体系

方庄教育集群突破了学校间的边界，不仅实现了课程资源相互开放、共享、优势互补，而且实现了强强合作、优势整合，不断打造出新的精品课程，构筑了区域生态精品课程体系。

例如，受到学生和家长欢迎的新音乐教育课程就属于精品课程。新音乐教育是在中央音乐学院音乐教育学院教师的带领下，立足我国音乐教育优良传统，借鉴目前世界上影响较大、流行较广的先进音乐教育体系——奥尔夫体系、柯达伊体系、达尔克罗兹体系的成功经验，探索出的一条融合中国本土音乐文化与国际先进音乐教育理念、方法的中国特色学校音乐教育。

2. 构筑职业成长、人生规划体验课程体系

方庄教育集群充分发挥内部职业教育、普通教育和成人教育兼有的优势，采用学历教育和非学历教育相配合的方式，采取签订合作协议的弹性合作机制，充分实现精品课程共享、优势互补，构筑了职业成长、人生规划体验课程体系。

例如，将普通学校的劳动技能教室建在职业学校，请职业学校教师对普通学校学生进行基本生存技能培训、家政培训等。同时，让职业学校学生有学习普通学校课程的机会，充分调动了职业学校学生的学习积极性。

3. 形成区域生态校本课程体系

针对各成员校形成的独具特色的校本课程，方庄教育集群在特色共享

的基础上实行跨校、跨学段开发，基本形成了区域生态校本课程体系，满足了不同学段、不同层次的学生个性特长发展的需要。

例如，金鹏科技团选派骨干帮助集群内小学、初中、高中组建了航模、机器人、天文观测等科技社团。

4. 实现实践活动集群联动，形成区域生态实践课程体系

方庄教育集群采取集群联动的模式开发了学生实践课程资源，举行了一系列丰富多彩的学生实践活动，形成了区域生态实践课程体系。

方庄教育集群举办或以集群形式参加过的活动有丰台区中小学践行北京精神主题教育活动、"安全在我身边"主题演讲比赛、"走向未来祖国颂——全国青少年诵读演讲大赛"、"生态文明——我的低碳生活"第十二届北京市青少年科普短剧会演、2013 年全国青少年书画大赛、"金路杯"2013 年全国校园（双语）主持人大赛、"我们一起成长"方庄教育集群艺术教育成果展、"十八中博智杯"2013 年全国中学生桥牌锦标赛暨全国中学生桥牌夏令营等。

（二）纵向衔接，实现"大十二年一贯"

人受教育的过程被分为幼儿园、小学、初中、高中、大学等几个阶段。当然人的成长是一个连贯的过程，是不该被割裂的。现在推行"九年一贯""十二年一贯"的一个很重要的原因或正在于此。方庄教育集群汇集了幼儿园、中小学、职业学校、成人教育学校，为实现课程"大十二年一贯"提供了便利。所谓课程"大十二年一贯"是指课程开发不但可以从幼儿园贯通到高中，也可以从幼儿园贯通到职业教育、成人教育阶段。

1. 开发贯通学段的生态课程体系

儿童的成长是一个连续的过程。这种连续性体现在儿童身心发展的各个阶段及其接受教育的不同阶段，各个阶段应该是相互联系或衔接的而不能是割裂的。

从现实看，教育的这种连续性要求教育的每个阶段都应该充分考虑彼此之间的过渡与衔接。比如，某小学的学生练了 6 年篮球，有了很好的球技和很浓厚的兴趣。但上了初中，学校的项目是足球，学生既不能满足兴趣需求，也没有享有小学的教育成果。

受学制等因素的影响，部分中小学在教学目标、教学方式、教学内容、评价方式等方面没有做到较好的衔接与延伸。这些严重影响了学生接受教育的连续性，使人才培养链条脱节，影响了基础教育整体水平的提高和素质教育的全面实施。

方庄教育集群打破了学段的限制，开发了贯通学段的生态课程体系。例如，针对中华优秀传统文化课程，我们根据集群学生的实际，打通学段，统一规划，开发了贯通小学和初中的集群地方课程。方庄教育集群的足球、击剑等课程采取了从小学到初中、高中的一贯制培养模式。

2. 构建区域生态德育课程体系

方庄教育集群在德育课程建设过程中遵循教育规律，坚持以人为本，立足学生的生命价值，服务学生身心的全面健康发展，利用科学方法，构建了区域生态德育课程体系。

(1)设立家长交流中心

为克服家长数量多、差别大和培训教育资源相对缺乏的困难，我们建立了集群家长学校，集中集群内所有学校的师资力量，对家长进行分层次培训，并建立家长培训家长的同侪互助制度；还开展了"妈妈课堂"和"隔辈育人"等课题的研究，使家长掌握了正确的教育观念和科学的教育方法，提高了家庭教育的质量。家长积极主动地配合学校教育，特别是随迁子女家长融入了集群，产生了极大的教育合力。

(2)为学生提供学习教练

为帮助学生提高自我主导学习能力，我们引进了"自我主导学习能力"项目，为学生提供了学习教练，培养了学生正确的学习动机，提升了学生的自我主导学习能力，使学生养成了主动学习的良好习惯。

(3)开设传统德育课程

传统德育课程由生命教育、礼仪教育和诚信教育三方面的内容构成，涵盖中华优秀传统文化中的仁、义、礼、智、信的内容，也涵盖各成员校的课程中分散出现的心理健康教育、爱心教育、生活技能教育的内容。

(4)开设"三合一"课程

"三合一"课程由学生职业性向研究、亲社会能力研究、认知思辨能力研究三方面的内容构成。为形成学生的亲社会行为和提高学生的未来生涯发展规划能力以及认知、思辨能力，我们建立了"三合一"干预教育实验基地，对集群各年级学生进行了"三合一"干预教育。我们统一进行通识培训、方案设计，定期进行经验交流、总结，统一组织外出参观、学习，取得了良好的效果。

(三)纵横融通，构建独特集群文化

如果说前面提到的课程侧重学生在学科方面的发展需求的话，那么接下来介绍的几门课程更侧重满足学生作为人的终身发展的需求。这些课程构建了方庄教育集群独具特色的文化。

1. 打造区域生态国际课程体系

方庄教育集群打破了学校和学段的限制，制订了通盘计划，形成了一个幼儿园、小学、初中、高中一体化和前后衔接的完整的国际理解教育培养体系，走出了一条区域推进、整体打造区域生态国际课程体系的成功之路。

2. 开设低碳生活课程

十八中、芳古园小学参与了"以符合自然规律的生活方式实现青少年可持续发展"的教育实验。在课题组专家的指导下，我们从养生理念出发，根据四季养生规律，加入中医时令养生的调理手段，制定了学生日常饮食、起居、运动、情志和学习的复合处方，以使学生的生活符合自然规律，帮助学生形成一种低碳、绿色、积极、健康、高效的生活及学习方式，促进了学生的身心健康、道德完善和智力高效发展，提高了学生的学习效率。

方庄教育集群积极采取措施打造"爱读书、读好书"的集群文化。例如，十八中成立了以"读书塑造心灵，读书启迪智慧"为宗旨的方庄书院。方庄书院积极挖掘图书资源，举办读书理论研讨和专题讲座，组织系列读书活动，开展阅读竞赛和读书经验交流活动；"走出去、请进来"，有序地

策划以"读书"为主题的专家报告和学术研讨活动，拓展教师交流平台；贯彻"知行合一"的教育理念，将阅读与实践紧密结合，进一步提高师者爱读书和生者乐读书的"致用"效果，并积极筹划创办半年刊《大家书斋》。

3. 把先进教育理念和文化传播到社区

方庄教育集群积极采取措施调动社区居民关心教育、支持教育的主动性，尽可能地把集群的先进教育理念和文化传播到社区，争取社区居民的认可和好评。比如，不定期地派集群内的名师到社区学校、老年学校进行培训，邀请社区内的成功人士到学校开设讲座，举办校园开放周活动，与社区联合举行文化活动，努力把整个方庄地区建设成社区支持教育和学校辐射社区的生态文化圈。

五、集群高级发展阶段：打通学生的出口

在深化教育综合改革的大背景下，方庄教育集群作为一种新型的区域教育发展模式，又开始了以打通各学段学生的出口、改变区域教育结构为主要任务的现代化区域教育共同体建设，走出了一条由低级到高级不断发展、不断走向成熟的道路。

在方庄教育集群的实践中，我们进一步认识到，区域教育的根本问题是解决学生的出口问题。方庄教育集群只有打通各学段学生的出口，彻底改变金字塔式的教育结构，使学生能够接受适合自己的优质教育，满足人们对优质教育的需求，才能成为一个现代化的集群，才能使区域教育真正取得成功。

要打通方庄教育集群学生的出口，我们必须将集群金字塔式的教育结构改为圆柱式的教育结构。这是一项非常艰巨的工程。在这个问题上，我们并没有将目光仅仅盯在升学出口上，而是立足多出口、多选择，力争使每个学生都有自己可以选择的上升通道，从而全面打通集群各学段学生的出口。

方庄教育集群为此采取了如下七项措施。

一是把集群的龙头校做大做强。龙头校要实现集团化发展，以集团化带动集群化发展。龙头校十八中在全面提高自身教育教学水平的同时，合并了芳星园小学，成立了十八中附属实验小学，还完成了对北京第一实验小学彩虹分校的合并。

二是打通集群内学生的直升通道。为加强集群内各成员校的联系，方庄教育集群打通了幼儿园、小学、初中、高中学生的出口，使优秀学生不再外流，确保学生能够享有从幼儿园到高中的一条龙的优质特色教育。

三是职普融通办学。普通学校与职业学校合作办学，打通了部分学生的就业渠道。

四是实行"高考加会考"模式，打通学生升入高职院校的通道。我们对高三年级学生进行分流，对文化课基础薄弱的学生进行分班教学，打通了这部分学生升入高职院校的通道。

五是打通音乐、美术、体育等特长学生的升学通道。我们针对文化课基础薄弱但有音乐、美术、体育等特长的学生集中办班，加强培训，让他们走特长升学之路。

六是积极联系高等院校，打通文化课成绩优秀学生的出口。

七是积极发展国际教育，打通学生国外留学的通道。

目前，方庄教育集群采取的措施已经取得了一定的成效，但彻底改变方庄教育集群的结构仍然任重道远。方庄教育集群已开始进行新的规划，争取彻底解决各学段学生的出口问题，实现现代化升级，满足居民对优质教育的需求，彻底实现方庄地区教育的优质、均衡发展。

在集群发展的过程中，以"社区、创新、教育变革、解决问题"为内涵的集群精神逐渐形成，成为集群发展的核心凝聚力。

回顾集群所做的探索和实践，随着集群的进一步优化、完善、成熟，实现教育优质、均衡发展，解决学生的出口问题，实现"大十二年一贯"，都将成为教育生态发展的必然。

六、在探索与发展中勠力同行

方庄教育集群从以区域资源共享为主要功能的初级区域教育共同体，发展到以课程为核心的区域生态教育共同体，再到以打通学生的出口为主要任务的现代化区域教育共同体，经历了三个发展阶段。集群的三个发展阶段不仅是递进关系，还是并存和交叉关系。也就是说，当集群处于第二个发展阶段时，第一个发展阶段的区域资源共享功能仍然存在。在集群处于第三个发展阶段时，第一和第二个发展阶段的功能同时存在。

在这个过程中，方庄教育集群探索出了存量资源盘活共享、资源差异化及优化配置、课程规模化和常态化开发、区域教育结构和功能优化、协同学习型社区建设五条实践路径，形成了集群课程体系、集群教师专业发展体系、集群家长谐美推进体系、集群智慧发展体系、集群治理体系五个体系。

成员单位从 27 个发展到 46 个，集群服务的地域由以方庄地区为主发展到涵盖东铁匠营、方庄、大红门三个街道社区。方庄教育集群形成了区域教育合力，在不断推进集群课程体系升级、不断促进教师专业成长的过程中，推动了集群育人模式转型，创新了集群教育治理模式，实现了集群教育内涵的升华，实现了区域教育共通、共识、共治、共享、共赢。

方庄教育集群探索赢得了广泛认同，得到了教育部和市、区教委的肯定和指导，接待了全国多地的考察者。《人民日报》《人民教育》《中国教育报》等进行了多次报道。国家教育体制改革领导小组办公室《教育体制改革简报》撰文介绍了方庄教育集群发展成果；2018 年教育部第三场教育新春系列新闻发布会推介方庄教育集群发展经验。

七、教育集群的五大特征

教育集群是一个既不同于学区又不同于教育集团的区域教育共同体，是一个地理位置相近的区域内，基于自主性、内生性发展需求，由教育行政部门授权，由区域内的优质学校牵头，通过创设一个由各领域的教育特色品牌组成的区域教育生态系统，构建的一个以多元化的特色课程满足集群人个性化发展需求的区域教育共同体；也是一个以课程为核心、具有自组织性质的区域教育共同体。

从教育集群的概念中可以看出，教育集群具有以下特征。

(一)教育集群是一个开放性自组织

如果一个体系在获得空间的、时间的或功能的结构过程中没有外界的特定干涉，我们便说该体系是自组织的。复杂系统研究指出了自组织与他组织的各自特征：①外部指令的作用不同。自组织是不完全依靠外部指令而形成的，是系统按照相互默契的某种规则，各尽其责而又协调自动形成的有序结构；他组织是靠外部指令而形成的。②环境关系的不同。自组织是开放系统，同环境有着广泛的互动；他组织是封闭系统，基本隔绝了同环境的互动。③结构功能不同。自组织的内部结构具有层次性，主动创新能力与适应能力强；他组织的内部结构简单，创新能力和适应能力欠缺。④目的性不同。自组织演化有较强的目的性，反之亦然；他组织缺少系统演化的目的性。这在生命系统、社会系统中尤为明显。教育集群的这种自组织性质决定了它不像学区一样是一级教育行政组织，具有非行政性的特点；也不同于教育集团的他组织性质，不是由一个权力主体指定组织起来的组织。

同时，教育集群还是一个开放性的系统，需要不断地与外界进行物质和能量的交流，不断地吸收营养来发展自己，要避免同质化和"近亲繁殖"。

(二)教育集群是一个与社区密切联系的地缘性组织

教育集群不受行政区划的限制，其依托和服务的区域不是行政区域，而是一个地理位置相邻、地域文化相近的区域，从而具有合作办学的地缘性优势。教育集群继承和发扬地域文化的优势，与地域文化高度结合，使自身的文化具有鲜明的地域特色。

教育集群立足社区，服务社区，加强与社区的联系与互动，形成彼此相互支持的局面，努力建立与社区相互沟通、理解、信任、支持的关系。同时，社区居民也参与教育集群的治理过程，参与教育集群课程与教育的共生共创过程，能更好地接受未来的教育，提升对教育的满意度。

(三)教育集群是一个地域性生态系统

教育集群不是外力强制的"被合作"或捆绑式发展，不是优质的龙头校办学模式的扩张，而是在保存各成员校的原有特色基础上的升级、改造，是内涵上的协调、升华。所以，教育集群不是"削峰填谷"，不是"推倒重来"，而是"各美其美，美美与共"。

教育集群应尊重原有的教育生态，注重教育生态涵养，积极推进生态性建设。它注重调动和利用一切有利因素，营造整体的、和谐的教育生态环境，鼓励良性竞争、相互学习、共同发展，让每个因子都能在自己的"生态位"上有所发展。

教育集群强调的是尊重每所成员校的既有存在。各成员校有权保持本校的个性和特色，相互之间是平等的战略伙伴关系。教育集群成立后，成员校的法人地位不变、办学性质不变、人事关系不变、资源的所有权不变，没有不同利益群体权力的重新分配。它们相互尊重，共赢共生，自然生长。

龙头校对其他成员校无强制约束力，各成员校可自主办学。而且对于教育集群组织的各种活动，各成员校可自主决定是否参加以及在多大程度上参加。

(四)教育集群是一个以课程为核心的区域教育共同体

教育集群作为一个区域教育共同体，其发展目的是满足本集群人的个性化发展需求。课程是实现教育集群发展目的的重要载体，所以课程成为教育集群发展的核心，课程建设是教育集群发展的关键。

(五)教育集群的发展动力具有内生性、多元性

教育集群作为一个自组织，其成立和运行都得到了教育行政部门的授权和大力支持，反映了教育行政部门对区域教育优质、均衡发展的迫切愿望。教育集群的成员校、社区、教师、学生和家长都有自我发展的内在需求，教育集群是根据其内在发展需求而运作的。同时，教育集群还积极采取措施了解集群成员校的需求，使集群成员校形成共同的愿景，实现共同成长和发展。教育集群的这种内生性、多元性的发展动力，使自身充满了蓬勃生机，不断向前发展。

八、创设独特的运行与发展机制

方庄教育集群建立后，没有改变成员校的法人地位和办学性质，也没有改变人事关系和资源的所有权；没有领导成员校的权限，也不能干涉成员校的自主办学。那么教育集群是如何运行与发展的呢？在实践中我们进

行了如下探索。

(一)构建多元主体理性参与的集群治理体系

现代化教育治理不仅需要多元主体,还需要这些多元主体的理性参与。这就要通过多元主体互动、协作等方式,建立一套有效的治理体系,使不同的教育主体能够共同参与教育的决策、执行和监督,进而实现教育改革和发展目标。

现代治理体系具体表现为:治理规范由过去单一的政策法规变为政策法规、道德和社会契约并存,治理程序从效率优先变为公平、民主和效率等并重,治理由单向的自上而下变为上下左右互动等。

为适应现代教育治理的要求,我们建立、健全了开放、民主、多元主体共同参与的教育集群治理体系。

比如,方庄教育集群代表大会为集群决策机构。大会代表中除成员校校长、教师代表、家长代表、学生代表外,还有社区和政府代表。教师、家长和学生代表分别由成员校的教代会、家委会、学生会选出。社区代表来自集群的服务区。原则上每个居委会有一名代表,由居委会推荐、选举产生。政府代表由方庄办事处和丰台区教委派出。

集群理事会、监事会是集群代表大会的常设机构,由大会选举产生,对大会负责,按照大会形成的决议开展工作,是两个相互制约的执行机构。集群理事会作为集群的指导、组织、协调机构,其成员由丰台区教委领导、方庄办事处领导、成员校校长代表、社区代表、家长代表、教师代表等组成。集群监事会负责评价、监督集群工作,成员由集群服务区的社会人士组成。

另外，根据集群代表大会提议，我们成立了由集群服务区所在地的法庭、派出所、司法所、律师等组成的集群人民调解委员会，负责集群教育教学纠纷的调解工作，并提供相应的法律服务和法制培训工作。

仅仅依靠多元主体未必能促成理性参与，是多元主体相互制约且平衡的治理体系真正促进了理性参与。

（二）建立扁平化的集群治理结构

治理结构扁平化是教育治理的一个基本要求和显著特征。一方面，作为专业人员，尤其是作为与管理者具有相同职业背景的专业人员，教师需要较大的专业自治空间，也需要具备专业自治能力。同时，教师应该能够参与决策，因为教师对决策实施起主要作用。治理结构扁平化可以满足教师的自治需求，发挥教师的自治能力。另一方面，治理结构扁平化能有效地克服传统教育结构"断层"的弊端，包括学校内部管理与外部管理的断层、学校内部层级管理的断层。

方庄教育集群建立了具有鲜明的扁平化特点的治理结构。

在日常管理中，我们没有建立科层式的管理机构，而是实行简约化管理。我们建立了"一处、二部、三中心"的组织机构，即秘书处，资源部、联络部，课程研发中心、教师专业发展中心、教育质量测评中心，以及集群云平台，作为集群的支撑、发展平台。集群组织机构负责集群的内外联络、课程研发、教育测评以及资源开发等工作；集群的各种信息由集群组织机构通过云平台及时发布；重要信息通过短信平台直接发给每一位成员校教师。集群组织机构并非单设，而是分别由各成员校的相关职能部门组成的。比如，课程研发中心由丰台区职业教育中心学校牵头建设，负责组织集群课程开发、实施。

在项目管理中，我们采用竖井式管理。集群项目的立项申请由集群理事会、监事会共同审查。符合立项条件的，集群理事会根据权限予以批准，或报上级审批。项目获批后，集群理事会负责项目的日常管理，集群监事会检查项目执行情况，成员校的各级管理部门不再"插手"。

(三)建立具有内生动力的生态性集群治理机制

方庄教育集群是龙头校和其他成员校形成的一种既自主又合作的"1+N"体制的区域教育共同体，是一个得到丰台区教委支持和授权的自组织。其依托的区域并非行政区，而是彼此相距不远、便于合作的地缘性区域。龙头校起引导、示范、号召、建议作用，与其他成员校是平等的战略伙伴关系，是平等中的首席。各成员校有权保持自己的个性和特色，相互尊重，共赢共生，自然生长。集群组织机构也不是一级行政机构，其发布的通知没有强制性。

集群不是由外力推动发展的，而是通过满足成员校的内在需求、激发其内生动力推动自身发展的。所以，其治理机制具有生态性特点。

首先，生态性体现在资源、环境的共享上。以前各成员校虽有强烈的发展需求，但缺乏发展所需要的资源。集群的资源共享功能实现了教学硬件、软件、课程、师资等教育资源的共享。例如，2015年多次共享使用十八中的音乐厅、篮球场，每天下午放学后都有学生在足球场训练。芳星园中学的京剧教师、中央音乐学院附属中学的音乐教师、左安门中学的围棋教练、东铁匠营第一中学的跆拳道教练等师资都有组织、有计划地实现了共享。

其次，生态性体现在外部环境对个体、群体内部发展需求的满足上。比如，我们立足宽思路、多途径，采取措施全面打通各学段学生的出口，解决了成员校所面临的现实需求问题，得到了成员校的积极响应。

最后，生态性体现在系统各要素生长于相互适应及系统结构和功能的动态平衡中。

在成员校特色课程资源共享的基础上，我们通过横向贯通的方式，跨校开发了新音乐教育、人生规划体验、科技社团等课程。例如，2014年暑期开设了多门职业体验教育课程，涉及厨艺生活类、多彩生活类、电子与信息科技类、主题创作类4个主题。集群内4所中学、8所小学的学生通过云平台自主选报了适合自己的课程。

通过纵向衔接的方式，我们跨学段开发了中华优秀传统文化、足球和击剑等课程。例如，我们以十八中为龙头，以俱乐部训练为串联，从集群的幼儿园抓起，完成了从幼儿园到高中的学段衔接，进行了多年的不间断培养，取得了显著的成绩。北京银潮足球俱乐部少年队代表国家赴米兰参加第四届足球·友谊青少年足球邀请赛，一举闯入淘汰赛，刷新了我国在该项赛事上的最佳战绩纪录。

通过纵横融通的方式，我们打破了学校和学段的限制，形成了一个完整的国际理解教育培养体系。

现在方庄教育集群基本形成了区域生态校本课程体系，初步满足了不同学段、不同层次学生的个性化发展需求。学生可根据自己的兴趣在职业学校、专业学校、普通学校选择跨校课程，"跑校制"已经成为方庄教育集群一道亮丽的风景。

(四)建立集群开放性发展机制

我们充分利用开放性发展机制，推进多元合作。集群评估成员与社会机构合作，在集群平台上推出了一批优秀合作项目。比如，中国围棋培训机构与左安门中学合作，为中国棋院输送了多位棋手。集群众多成员校开展围棋教育，并成为欧洲围棋联盟中国培训基地。

我们充分利用偏好机制，推进对外开放。一方面，凭借学生的共同爱好，推进集群对北京市乃至全国开放。比如，对于足球教育，北京市很多区的中小学生在集群足球总教练团队的指导下训练。另一方面，利用组织的共同愿景，推动集群与港澳台及海外的集群、社群、联盟合作。

(五)建立集群课程治理机制

我们坚持"各美其美，美美与共"的原则，以培养学生的核心素养为目标，在各成员校优质课程文化的磨合中，生成具有多元、传承、自觉等特性的方庄教育集群课程文化，形成了横向贯通、纵向衔接、纵横融通的方庄教育集群课程体系。我们以满足学生的区域性发展需求为出发点和落脚点，以区域教育合力培养学生的关键能力为目标，建立共享、共创、引进等机制，形成了方庄教育集群课程治理体系。

1. 集群精品课程的共享机制

我们坚持线上与线下相结合，推进集群精品课程共享。学生能够随时随地学习其他班级、年级、学校教师开发的课程。

教师把自己的精品教学课件、课堂录像、优秀作业设计等存储到集群云平台，学生登录平台就可使用这些数字化的优质教育资源。集群云平台已经储存了 2 万余节微课。

学生根据自己的发展需求，有组织地选择跨校课程，实现了在职业学校、专业学校、普通学校间的走校上课；教师也实现了校际交叉教学。

2. 集群精品课程的共创机制

从共享到共创，集群实现了课程建设质的飞跃，打磨出了一批精品课程。一是突破了学校、学科的界限，开发了横向贯通的集群课程；二是突破了学段、层次的壁垒，开发了纵向衔接的集群课程；三是全面整合，开发了纵横融通的立体式集群课程。集群精品课程不断完善，提升了集群教育供给水平。

横向贯通的集群课程包括以下三种。①美育课程。大力推进课程资源共享，涉及新音乐教育、纸艺服装、国画书法等多门美育课程。②科技课程。以金鹏科技团成员为骨干，采取联动模式，滚动发展，以集群科技节为龙头，以科学课程为核心，开发了小卫星、航模、机器人等多门科技课程。③社团课程。集群成员校实现特色共享，跨学校、跨学段、跨学科协同开发社团课程。

纵向衔接的集群课程包括以下三种。①伦理课程。以集群种子项目——东铁匠营第二小学的微党课、芳星园中学的美德工程为重点，整合传统德育课程等多门伦理课程。②体育课程。在保证体育特色的基础上，进一步推进跨学段体育课程开发，形成了多门多学段衔接的体育课程。③中华优秀传统文化课程。以卢沟桥传说、永定河传说、怪村太平鼓等多项非物质文化遗产为内容，开发了具有地方特色的"探索丰台"系列课程和"中华优秀传统文化"等小初学段的衔接课程。

纵横融通的集群课程包括以下三种。①职业教育课程。充分挖掘集群优质资源，开发了集群系列职业教育课程。迄今为止已开设了多门职业教育课程。②绿色生活课程。在北京养生文化学会的指导下，开展了"以符合自然规律的生活方式，实现青少年可持续发展"的教育实验，促进了学生的身心健康、道德完善和智力发展。③书院文化课程。方庄地区是北京市的一个大型商业住宅区，聚集了一批名家等。集群充分利用该优势，邀请他们指导开展国内外文化交流活动，促进了学生的文化自觉。

3. 集群精品课程的引进机制

集群以团购的方式及时引进一批精品课程，全面共享，节约了购买成本，最大限度地使精品课程惠及成员校。例如，根据集群小学英语教学的实际情况，集群购买了突出生活化、活动性的英语课程，对集群的小学英语教师进行了业务培训，促进了集群小学英语教师教学水平的提高。

(六)构建集群教师专业发展体系

在国培、市培、区培和校培的基础上，集群精准把握区域教师专业发展需求，精准服务教师专业发展自组织，构建了集群教师专业发展体系。

1. 唤醒自发性成长的精准服务工程

集群建构了结构化、层次化的教师专业发展体系。结构化是从岗位、能力、学科维度推进集群教师专业发展体系建设。层次化是以专业能力、学段和培训级别为依据推进集群教师专业发展体系建设。

2. 助推平台迭代的机制保障工程

秉持尊重、共生、自发的原则，集群鼓励教师建立自组织，自主选举负责人，确定研修目标和计划。这样使集群研修完全成为教师自觉、自愿、自发的行为。集群以加强交流为契机，促进了这些自组织的迭代发展。

(七)构建集群家长谐美推进体系

集群家长谐美推进体系采取分层培训、同侪互助、项目驱动、家长工作坊、祖辈讲堂等措施，形成了家长、教师、学生共同成长的区域教育合力。

根据学段的不同问题，集群开设了家长讲堂和家长沙龙活动，邀请了多位专家为家长指点迷津；开展了亲子阅读、亲子运动、亲子体验式活动等，以活动促进学生共同学习、共同成长；定期举办了开放日活动，通过家长工作坊等形式让家长了解学校的工作，促进家校互动。

(八)构建集群智慧发展体系

互联网以及物联网、人工智能等技术促进了集群发展，推动了集群课程共享和共建，满足了师生的发展需求。

集群云平台的课程、师训、家长、慕课、社会实践、预约场地等板块，推进信息共享、资源共建，形成了一个日新月异的教育资源生态系统。

在机器人教育的基础上，集群注重推进人工智能的应用，促进了集群人的观念从浅层学习向深度学习的转变，为人工智能教育奠定了思想基础。

至此方庄教育集群的探索虽然取得了一定的成绩，但这种区域教育发展模式还要继续深化发展。我们的探索将要走向深水区。我们要实现从"1＋N"到"N＋N"集群发展模式的转变，实现以地缘性为特征的集群向以价值取向趋同为特征的集群的发展，形成更广泛的区域教育优质、均衡发展的"集群之群"。

第二章

——

教师个体到群体成长的
"切磋琢磨"

　　"扎实学识"不是一个静态词，而是一个动态词，是不断变化的。所谓如切如磋、如琢如磨，且行且思促进教师成长。多年来，我一直在寻找教师专业发展之路，引领教师实现高质量专业发展。

1

自发性的教师成长

　　我们要打通教师专业成长的内在需求，唤醒教师职业生命中的专业意识、教育意识、生命意识，激发教师发展的内在需要和潜能。为此，我们提出了"教师专业自发性发展"的指导思想，力图通过唤醒教师的自发性，使教师发展成为自发性行为。

一、自发性发展思想梳理

(一)老子的自发性发展思想

老子的"为无为"是指要顺应人的本性自然发展，同时在和万物相处时持有敬畏意识。这些当然不是靠外在人为的强制施教就能奏效的。因此，受老子思想的启发，教师培训应该是这样一种状态：领导者持有"不妄为"的意识，留给教师更多的宽松环境，留给教师更多自我探究、纠错的机会，更留给教师尽可能多的人格建设空间。

当下现代教育技术发展出现了不良现象，即现代教育知识越来越离不开技术的参与，现代教育知识成了以技术为基础的知识。技术在去蔽的同时也成为遮蔽的工具；以技术为基础的知识成为技术的附属品。对于现代教育技术使用中出现的遮蔽现象，和对待现代技术的态度一样，可以通过建构现代人的思想来补救。在老子看来，"道"即"真知"。道是一切存在的根本，因此认识"道"这个本体就好似抓住了认识一切的根本。体认了道、掌握了道，也就掌握了最高智慧。

老子认为，认识世界的根本目的并不是单纯知识的积累，主要是体道。单纯的知识和老子的"道"是完全不同的。知识是前人的生产经验总结和文化积淀；而老子的"道"却是知识的根本，是知识的内在"所以然"。知识是死的，而规律之"道"是活的，"求真知"才是教育的中心任务。我们学习知识，当然不能仅仅满足于了解知识本身，更应该去深入体会、预知知识的来由和发展过程及未来的发展趋向，还要了解同知识内在规律相关的知识体系，把握知识内在的"之所以"和"所以然"。

我们求得的"真知"应该是经验文化的知识和规律的统一体。知识是"道"的外在形式，而规律是知识的本质。因此求"道"是求真知的根本任务。老子在体道中运用了以物类比人性进而类比"道"的方法。这种特殊的方法就是直觉思维的方法。这统一于"道"即真知这个观点中。"求真知"就是不断地内在反观自我，不断地在实践中验证知识，辩证地看待和运用已知的经验，在否定知识中使自我的心智得到成长。我们应在创新实践中走出理性思维的程式化，走出技术的牢笼，走出外在意识主导的赶潮流陋俗，产生自发性进步。

(二)康德的自发性发展思想

康德认为，理论理性涉及先验自由，是讨论实践哲学的前提。这是因为自由的最初形态是自发性，并且在关于知识的可能性探讨中起着十分重要的作用。

康德对"知识何以可能"这个问题的回答是经验因素与先验因素共同作用的结果。事实上，即便在经验因素中，也以先验成分为前提。现象本身是对象通过我们的先天认识模式而展现的。当然以时空形式为经验现象的表现方式，并不能直接反映自发性的特征。只有主体通过知性能力对现象的相互关系进行整合，从而形成某种方式的关联，才能真正体现理性自发性的本质特征。究其原因，在形成判断的过程中，理性首次在主体方面体现出能动性的因素，即把杂多的经验条理化，形成一定程度的有规律的认识。

当然，这种自发性还很初级，还是无意识的。例如，对于因果律的认识，我们首先有反思意识，考虑一系列事件或现象，形成前后相继的必然联系；并且从这些有联系的个别现象中发现，原因必然伴随结果的客观事实是以先天的存在于人的一般意识中的原因性与从属性的范畴为逻辑前提的。然而，这种知性概念的作用发生仅仅是无意识的自发性。因此，必然会寻求更高形式的表现。仅仅靠知性和感性的经验材料还不足以形成知识，必须有理性的介入或指导，才能使相互关联的现象体系化，形成一个整体，以完整的形态表现出来。理性在这里就发挥着对杂多的相互联系的现象进行整合的作用，如同知性对杂多经验的整合一样，只是层次更深一些。理性作为最终意义上的自发性，体现了认识问题的主观能动性。

事实上，作为自发性的"自由"还不是被实现的自由，在思想观念中通过知识的形成过程体现出的自由仅仅是理念。也就是说，在自然界领域，为了形成确定的知识，首先要以必然性的因果律为前提。这是因为知识的内容是由遵循因果律的自然界赋予的。另外，知识的形成除了内容的给予之外，还需要形式的规范；而形式是"自由"以自发性的方式赋予的。

鉴于此，我们可以认为现象界同样存在自由的因素，只不过不占主导地位。如果试图突破界限，把自由因素不断扩大，那么看似知识的东西就仅仅是人的臆想罢了。这种臆想虽然不是知识，但并非一无是处。因此，不应毫不留情地将这些虚幻的东西予以剔除。这些理念是知识的逻辑前提，与先天的理性能力非常相似。事实上，这些理念原本就是理性的必然产物，在对知识起引导作用的同时就已经被看作理性能力的组成部分。

既然理性能力在理论哲学的领域体现为"自由"，那么这些理念也就是自发性的必然产物。至此，自发性已经获得了它的全部含义，而自由也就以先验的形态成为可能。

(三)后现代主义的自发性发展思想

后现代主义是指 20 世纪后半叶产生于欧美，并流行于西方社会的一种社会文化思潮，是作为现代主义的对立面而被提出的。其影响已波及哲学、文学、政治、艺术、历史、教育等诸多领域。它以西方发达国家第二次世界大战后已进入后工业社会为背景，以批判否定近现代主流文化的理论基础、思维方式、价值取向为基本特征，其主要方面是强调多元、崇尚差异、主张开放、重视平等、推崇创造、否定中心和等级、去掉本质和必然。

后现代主义者格里芬认为，如果说后现代主义这一词语在使用时可以从不同方面找到共同之处的话，那就说明它指的是一种广泛的情绪，而不是一种共同的教条，即一种认为人类可以且必须超越现代的情绪。后现代主义认为，人的理性是有限的，教育世界必须遵循它的自发性规则。这种自发性规则是经历了长久岁月的实践，通过不断试错选择的结果。

后现代哲学所讲的"后现代"主要不是指时代化意义上的一个历史时期，而是一种思维方式。这种思维方式概括地说表现为否定性思维、多元化思维和差异性思维。

第一是否定性思维。后现代主义反对现代主义所信奉的基础主义、本质主义和表象主义，反对总体性、同一性，表现出强烈的否定性思维倾向。它强调后现代是对宏伟叙事的怀疑，坚持对宏伟叙事话语霸权的颠覆，相信在普遍适用的宏伟叙事失去作用时，具有有限性的小叙事将会成为人们生命中的具体意义和价值所在。

第二是多元化思维。后现代主义强调积极维护事物的多样性和丰富性，后现代主义者主张用多视角、多元化的方法看待事物。在他们看来，同一种现象、同一种事物，用不同的眼光、从不同的角度来看，可以有完全不同的意义，导致相异甚至相悖的结论和结果。

第三是差异性思维。与现代主义追求中心性、同一性不同，后现代主义强调边缘性、差异性。后现代哲学的差异性思维渗透到教育领域中引起了教育思维方式的深刻变革，并成为教育叙事研究的哲学基础。

基于后现代哲学思想的教育叙事研究，无论是研究的内容和过程，还是研究的目的和结果，都体现出鲜明的后现代精神。教育叙事研究关注的是个体的教育经验。教育叙事中所叙之事是教育自然情境中发生的真实事件。教育叙事研究把教育经验置于中心地位，通过对经验的不断反思，逐步形成对教育意义和本质的认识。传统的方法论告诫研究者要保持客观并与叙事者保持适当的距离，以保证研究结果没有主观偏见。在教育叙事研究中研究者与叙事者是一种平等交往的关系；研究者与叙事者在平等交往的基础上，在相互的交流对话中，以自身的体验去理解他人的体验，最终达到视界的融合。教育叙事研究的目的是揭示故事背后的意义。传统研究方法追求精确化、客观性而远离教育日常生活，导致理论与实践脱节。教育叙事研究的目的不在于寻求普遍适用的教育规律，而注重具体教育问题的解决、教育经验的意义重构和教育主体的发展。教育叙事研究的结果具有开放性。教育叙事研究追求的不是精确的、唯一的答案，而是对教育意义的理解和诠释。教育实践活动的复杂性、丰富性和多样性决定了对教育意义的理解和诠释是多元的、异质的和开放的。

二、教师要有教育信仰

我们通过培养教师的教育信仰来促进教师的专业自发性发展。

(一)利用教育仪式培养教师的教育信仰

目前学校中仍然有许多教育仪式，如开学典礼、毕业典礼、升国旗等。但令人遗憾的是，仪式有时候只是例行公事，仅仅是一种教育历程的标志，缺乏一种深刻的精神陶冶力量。培养教育信仰，可以通过挖掘各种各样教育仪式的精神陶冶力量来实现。

例如，对于某年的高三年级毕业典礼，我们进行了精心、认真的组织，确定以"为人生三十岁而做准备"为活动主题。高三年级教师和学生全体参加，整个过程隆重、热烈、庄严。高三年级教师和学生都穿上了统一的学位服。在校长致辞的过程中，大屏幕上一一闪现出了教师的笑脸。学生最后一次大声亲切地呼喊教师的名字，并为教师献上鲜花、祝福卡。在学生的大声祝福中，每一位教师都为学生送上了殷切的寄语。

为报答母校的哺育之恩，学生自发表演了诗朗诵节目《母校，我们在这里!》。他们深情表白，愿意加入学校的志愿服务，继续贡献自己的绵薄之力。他们用自己每个令人欣慰的进步、每次激动人心的欢呼，向母校汇报，为学校的校史添加更辉煌灿烂的　页!

最后，校长亲自为每一个学生颁发毕业证书并为学生拨穗。学生一一庄重地从校长手中接过毕业证书，鞠躬接受拨穗，然后与陪伴了自己三年的教师一一拥抱。鲜花、掌声、热情的鼓励声、奔涌的泪水汇成毕业典礼美丽、深沉的乐章!

在这个过程中，所有的教师和学生都热泪盈眶。教师都为自己从事的神圣的教育事业所感动。教师的思想得到了升华，心灵得到了净化和洗礼。当一股职业的自豪感、责任感油然而生时，教师自然会对自己从事的教育事业产生一种神圣和庄严的使命感。教师的教育信仰自然会由此产生、升华。

(二)利用培养教师的气质培养教师的教育信仰

在培养教师的气质方面，我们重点从提高教师的审美能力和人文素养方面入手。

在审美能力方面，我们依托方庄教育集群，借助中央音乐学院和中央音乐学院附属中学的艺术优势极大地提高了教师的艺术水准、审美水平。

在人文素养方面，我们要求教师不仅读自己专业方面的书，而且读人文经典书籍，经常和经典交流、对话，在阅读中丰富自己的内心世界，建设自己的精神家园。阅读经典，与名家对话，才能产生精神的共振和情感的升华。

(三)利用闲暇文化建设培养教师的教育信仰

印第安人有句谚语：别走得太快，等一等灵魂。这是说如果人的生活节奏太快，就会失去自己的灵魂，失去自己的信仰。信仰来源于人对客观世界的归纳、升华和主观世界的内省，是基于现实生活中的精神领域形成的。如果一个人忙碌得连内省的时间都没有，那就会失去自己的灵魂和信仰。

当今社会竞争激烈，生活节奏加快，工作负荷增加，工作压力加重。身处现代社会的教师不仅不能例外，而且疲惫的感受正日益普遍。疲惫的教师心灵必然浮躁不安，久之教育理想就会泯灭，更谈不上教育信仰了。针对这种实际状况，我们没有采取严格的坐班制度，而是让教师有更多的自由支配时间，能够更加从容地安排自己的工作和生活，有足够的时间对自己的教育生活进行归纳、内省和升华。我们还在每层教学楼设有一间茶吧，供教师课余休憩，使教师有一个安放心灵的地方。给理想一点时间，理想就不会熄灭；理想之火不熄灭，教育信仰才能产生。

(四)利用职业关怀培养教师的教育信仰

教师是教学世界中需要职业尊严与职业关怀的人，教师的教育信念滋养需要职业关怀。职业关怀就是对教师在教育世界中的生存状态、专业发展和生命价值给予关心，使教师从繁重的生存状态中解脱出来，实现其人生价值。

美国教育家诺丁斯认为教师的职业关怀包括教师的自我关怀和非自我关怀两种方式。两种关怀都不能缺失，而且要保持合理的张力。所以说教师的自我关怀不是自私自利的表现。我们不但要允许教师进行自我关怀，还要对教师进行非自我关怀。我们尊重教师作为"人"和"教师"的价值和尊严，对教师给予教育关怀，让每一位教师都能感受到校长对自己的教育教学的关怀。

(五)利用文化环境培养教师的教育信仰

教育信仰并不是在人的主观精神世界自生自灭的，而是在社会文化氛围和社会文化机制作用下生成变迁、发展运作的。学校的文化价值观是教师教育信仰塑造的根基。学校文化以其独特的教育价值观为核心，以其精神形式、制度形式和物质形式为外部表现，影响并制约着教师的思维方式、精神面貌与文化素养。例如，"权威至上"的学校管理文化表现出明显的不平等的上下级分界，"校长在学校说一不二"的观念和行为使教师对校长的决策不敢公开质疑。这种文化氛围容易导致教师随大流，不愿意也不敢有自己的教育思想，更不用说克服种种障碍坚守教育信仰了。所以，教师教育信仰的树立需要先进的学校文化来熏陶和塑造，特别是需要学校的民主文化。

因此，我们实行民主管理、民主治校，努力塑造学校的民主文化氛围，坚持校务公开。公示栏设在学校餐厅的走廊上，使每一位教师都能及时了解学校的事务。充分发挥教代会、校委会的作用，学校的一切大事都必须经过教代会、校委会的讨论来决定。设立校长信箱，使每一位教师都能随时向校长提建议和意见。实行人本化管理，为教师创造宽松、民主、信任、和谐的工作环境。同时，创设积极振奋、健康向上、朝气蓬勃、立志共勉的文化环境，让学校成为教师自由发展、个性舒展的精神家园。

总之，教师培养的根本不在于构建对教师的外在专业规范，而在于唤醒教师对教育的虔诚与爱。教师素养的根本在于内驱力，教师的教育信仰就是这种内驱力的源泉。只要拥有了教育信仰，教师就会自发地确立自己的发展目标，就会自发地、主动地去适应未来社会的竞争与需求，就会自发地进行终身学习，就会产生自发性的进步。所以，教育需要有教育信仰的教师，培养教师的教育信仰才是教师培养的根本。

三、以教育叙事的方式开展培训

从 2008 年起，我们开始与北师大教育学部吴国珍老师的教师教育叙事研究团队合作，开始运用教育叙事的方式进行教师培训。触及心灵智慧的教育叙事深受教师特别是青年教师的欢迎。教师开始自发进行教育叙事的实践研究，教育叙事促进了教师的专业自发性发展。

(一)把握教育叙事的特征

由学校科研室牵头组织，并且聘请校内和校外的专家组成指导团，负责组织领导青年教师教育叙事与专业成长的课题研究，制定以叙事为载体的青年教师校本研修制度。每周二下午是青年教师固定的学习培训时间。在听专家讲座和与专家的对话中，青年教师明确了教育叙事的意义，并且初步掌握了教育叙事的原则及方法。教育叙事具有如下特征。

1. 真实性

教育叙事强调真实性，绝不能杜撰或假设推论；强调与具体的教育教学情境相联系，具有丰富的时空感。但是这并不意味着教育叙事只限于事实表面。相反，教育叙事源于教育生活，而又高于教育实际，存在发展性，具有很高的理想追求。

2. 可读性

教育叙事必须蕴含一个或几个教学事件，即教育教学过程中出现了某个有意义的教育问题或发生了某种意外的教育冲突。

3. 典型性

教育叙事所叙述的教育事件必须具有典型性，体现有效教育的相关理念，有较强的说服力。教育叙事可以反映教师以自己的方式应对教育事件之后获得的某种教学效果，也可以反映教师忽视教育事件之后导致的某种教育遗憾。

(二) 开展读书活动

我们着重向青年教师推荐了《教学勇气——漫步教师心灵》一书。在这本书中，帕克·帕尔默为了重新点燃教师对人类困难且重要的教育事业的热情，带领教师进行了一次心灵之旅。教师意识到，优秀教学源自教师的自身认同和自身完善。要想让自身完善，教师必须做到自己和学生、和自己的学科、和自己的内心紧密联系在一起。教师只有不断地学习，并反省自己，融入学科、学生、自己为一体的生活，才会逐渐实现自身认同和自身完善。

我们还有幸读到了吴国珍老师的《心灵的觉醒：理解教师叙事探究》一书。书中那一个个鲜活的案例，还有吴老师独到的点评和回应，给予青年教师心灵的滋润和启迪。他们深刻地感受到阅读是一件多么幸福的事情。

(三) 明确教育叙事研究的主要内容

结合学校的实际和青年教师的特点，为了避免让教育叙事内容过于宽泛，我们将青年教师教育叙事研究的主题确定为学科教学中的教育叙事研究与教师专业素质发展、德育中的教育叙事研究与教师专业素质发展、教师自身建设中的教育叙事研究与教师专业素质发展这三个方面。其主要内容为课堂驾驭能力、处理突发事件的应急能力、班级管理能力、师生沟通能力、自我反思和嬗变能力等。

(四)确定教育叙事研究的组织形式

教育叙事研究深受青年教师的欢迎,他们很热衷于"讲故事"和"讲自己的故事"。教育叙事研究在实践领域产生了如此大的反响,以至于原本"沉默"的中年教师也发出了"讲自己的故事"的心声。为此,我们开辟了两个专门的信息渠道,"让教师的声音被人们听到",让大家在交流中分享经验、共同提高。

1. 座谈交流

我们在每周二下午组织全体青年教师开展主题类的教育叙事研究活动,提前确定主题,做好准备,在学习时间集体交流。

2. 网络交流

校园网上有两人空间专门用于教育叙事研究的交流分享。一是网络研盘,既有个人空间,又有以年级组、学科组为单元的集体空间,尤其是有专门的信息窗栏目。二是网络日志。这是教师个人与班级的书写空间。

通过以上两种组织形成,我们及时为教师推荐优秀的教育故事,同时也就教育叙事研究做更加深入的研讨。教师在日常的教育教学生活中开展教育叙事,在交流中受到启发,获得了教育叙事研究的经验,撰写教育故事的积极性越来越高，撰写的教育故事越来越有可读性。

(五)教育叙事研究带来的收获

通过教育叙事研究，我们看到流淌在教师口头的、笔下的和体现在课堂的、文本的表述，是与新课程改革相适应的教育教学理念体现，是不断学习追求自我完善的意识体现，是创造性设计、开展教育活动的能力体现，是较强的与他人沟通和独立反思的能力体现。教师专业素养的提高促进了其教育教学实践能力的提高。

1. 增强敏锐的问题意识

教育叙事研究的过程是一个引导教师不断发现问题、记录问题、寻找对策、解决问题的过程。教师有意无意地关注着课堂上、校园内、家庭里、教育教学过程中、学习过程中的各种问题。从教师撰写的教育故事中，我们看到了教师看问题的细致、思考问题的深入、解决问题的创意。

2. 树立正确的反思意识

通过不断反思，教师的自我觉察能力和自我反省水平得以提高，教育教学能力获得不断发展。可以说，教师通过诸如"我做了什么""我为什么这样做""我这样做的好处""我这样做有什么不足""我还可以怎样做"等的心理描述，对实际教育教学进行感受和体验，发现问题，以批判的眼光反观自己的思想、行为、价值观、态度和情感，重新审视自己从事教学的思想依据，并积极寻求解决问题的突破口。最后，教师在实践中检验经验并发现新的问题。教师通过对教育教学实践不断的反思，最终实现自身教育教学实践能力和教育教学质量的提高。

3. 享受研究的快乐

"教育叙事让我学会了与新课程对话，与书本对话，与学生对话，与自己的心灵对话。在对话的过程中，我找到了自我，找到了快乐。我在不断地实践，不断地反思，不断地记录。因而我有了实践智慧，有了心灵体验。我觉得自己在繁忙中快乐地成长……"这是学校教师写的一段话。教育故事是研究性的记叙文，教师能写、乐写。在写的过程中，他们享受着研究的快乐，探寻着成长的喜悦。

4. 感受同伴互助的快乐

青年班定期开展的交流让教师感受到自己的教育故事在被关注、被欣赏，甚至被共鸣。在这样一个群体中，教师不再感到孤寂，解决问题时不再感到无助。在共同的思考和研究中，教师有了一处宁静的栖息地，心灵有了归宿。面对真诚的面孔、鲜活的故事，每个人都会被深深地感动。

5. 激发自我发展的需要和意识

自我发展的需要和意识是教师专业发展的内在动力。教师只有具有自我发展的需要和意识，才能不断审视自己的职业生活、追问教育的意义，完善自己的内在专业结构，改善日常教育行为，从而获得专业成长。教育研究是教师产生自我发展需要的重要途径。但是，传统的教育研究是教育专家的特权和专利，把教师排除在外。教育叙事研究为教师提供了使用生活世界的朴素的说话方式表述教育实践经验的途径，提高了教师参与教育科研的积极性。

教育叙事研究为教师的成长找到了切实可行的道路。教师在教育叙事研究中得到了发展，在教育教学实践中取得了成就，体会到了成功的快乐，为当下的成长奠定了坚实的基础。

让我们听一听青年教师的心声吧。

每个人的心里都有一个梦想。不管是平平淡淡的，还是轰轰烈烈的，对自己来说"温不增华，寒不改叶"。宁静中的乐观是永远不变的心境。因此，再看自己的愿望，一年的收获虽似平平，但足够充实，足以回味。这是因为每天都在生活，每天都有教育，每天都在收获。阅读、思考、践行的过程里留下了些许简单而美丽的故事。闲暇之时，我喜欢记录这些故事，留作将来阅读。也许文笔尚欠老到，思想尚不深刻，我却用自己的激情记录着真实的教育生活。年复一年，点点滴滴的积累、点点滴滴的感悟不知不觉之中会改善为人做事的质地，不断加厚和刷新人生的底色。这就是我聚敛的人生财富！

四、增强教师的职业幸福感

(一)满足教师学术自由、教学自主的需要

教师劳动的特点必然要求学校管理的职能首先是为教师发展建构平台、奠定基础、开辟空间，让教师选择发展的土壤、生成发展的意识、营造发展的环境、追求发展的目标，真正体现教师是学校管理者的服务对象

的理念。一所学校的教师群体必须是具有学术个性和自由的集体，这是学校文化管理所追求的。

在信息时代，教师不再是知识的代言人，学生能从多种渠道获得信息和知识。这导致教师不得不在繁重的教学工作之外充实自己的知识结构和提升教育教学能力，无形中增加了工作压力。另外，学校一统式的求同思维管理使教师在工作中受到了太多的束缚，使教师自主设计、自主组织教育教学活动的空间变得狭小。长此以往，教师会对自己的职业产生厌倦。因此，我们要在管理活动中给予教师学术自由权、教学自主权，尽量减少对教师各种创造性活动的干预，不用一统式的规定去限制教师的学术实践，减少对教师的强制性和监督性的管理，鼓励教师自由开展学术活动。我们允许教师在履行职责上享有学术自由权和教学自主权，允许教师选择、使用和开发适合本校学生的教育教学方法；任何监督制度都不得损害教师的自由权、创造性。

我们还给予教师参与学校管理的权利，倾听他们的心声，记录他们的成长过程，解决他们遇到的实际问题，增强他们的角色认同感，改进与工作压力、幸福感有关的制度和政策，使他们能够体会到自尊、自爱的幸福感。

(二)培养教师的职业胜任力，使教师从胜任感中感悟幸福

教师的职业胜任力是教师专业发展的基础，是教师专业发展的保鲜剂，是教师专业发展的助推器。培养教师的职业胜任力，提升教师的幸福感，是教师在专业发展道路上寻找幸福的途径。

首先，根据教师当前的职业胜任特征，找到教师的优势及需求所在，有针对性地为教师提供发展机会，使教师更加胜任教学工作，从而提升教师的幸福感。我们尽可能地对教师的胜任特征、专业特长、思想性格、学识能力、自身需求等方面进行深入分析，将教师分配到能让他们扬长避短的岗位上。在能发挥最佳水平的岗位上，教师容易感受到教学成就感和胜任感，最终从胜任感中感悟到幸福。

其次，帮助教师练好教学基本功。教师的主要工作就是教育教学。一位无法胜任教育教学工作的教师不可能感受到幸福与快乐。学校管理者要让教师感觉到能胜任自己的工作。这是因为只有在胜任工作的基础上教师才能享受幸福。因此，教师必须练好教学基本功。教师只有具备渊博的专业知识、精湛的教学技艺，才能在教学过程中驾轻就熟，才能体会到教学的胜任感和成功的愉悦感。

培养教师的职业胜任力不仅有助于教师在教学实践中不断总结、不断反思，而且有助于教师在教学人生中感受快乐、感受喜悦，最终提升幸福感。面对知识爆炸的社会，教师应不断加强自身的学习、更新自身的知识库、完善自身的职业素质。同时，学校应尽可能地给教师创造和提供学习与培训的机会，不断提高教师的专业水平，最终让教师从胜任感中感悟到幸福。

(三)增强教师的教学效能感，使教师从教学效能感中品味幸福

教师的教学效能感是指教师对完成教学工作、实现教学目标的能力的知觉和信念。教学效能感会影响教师对教学的组织与管理、学生的成

长、教师的工作效率，这些都是教师幸福感的重要来源。教学效能感不是与生俱来的，而是在教学活动中逐渐形成和发展起来的，是与教学实践中的成败经验、主观努力、外在评价及自身认知能力等密切相关的。所以，学校应增强教师的教学效能感，使教师从教学效能感中品味幸福。

1. 积极鼓励

教学效能感的获得主要是靠直接经验或间接经验，另外在直接经验或间接经验的基础上进行劝说、鼓励也有助于教学效能感的获得。因此，我们以建议、劝告、鼓励、暗示等方式增强教师的教学效能感，从而使教师更好地应对工作压力，获得幸福感。

2. 建立激励评价体系

学校应对教师的教学成果和科研成果给予奖励，让教师体验成功的喜悦，获得教学荣誉感。这是因为教学荣誉感能够增强教师的教学信心，充分激发其教育潜能，从而有助于教师形成和加强教学效能感。

3. 改善认知倾向

学校应帮助教师完善职业素质和能力结构，提高教师的自我认同感和自信心，使教师体验教育教学过程中的成就感和幸福感。

4. 形成积极归因

心理学研究表明，积极归因对人的情绪、行为等有重要影响。因此，教师要有意识地把自己教学行为的成败归结为内部的、可控的因素，诸如个人努力程度、教学工作态度和教学方法运用等。这不仅会增强教师的教学自信心，而且会增强其教学效能感和幸福感。

总之，学校要注重增强教师的教学效能感，让教师用积极的心态去面对和解决问题。

(四)培养教师的反思能力，使教师从自我超越中体验幸福

美国心理学家波斯纳提出了教师成长的公式，即经验＋反思＝成长。它揭示了教师专业成长必须具备的两个重要条件。在教学实践中，教师既有成功的经验，也有失败的教训。这些对于教师来说都是宝贵的财富。教学反思就是教师在教学实践中分析自己的教学行为，剖析自己的教学状况，批判性地审视自己，扬长避短，从而提高课堂教学行为的实践及理论水平。教学反思是教师专业发展和自我成长的核心因素，是教师不断提升自身教学水平和教学质量的有效方法，是教师获得专业发展的有效途径。因此，学校应积极培养教师的反思能力，使教师从自我超越中体验幸福。

1. 培养反思意识

学校应创造一切可能的条件，努力培养教师的反思意识，鼓励教师在学中用、在用中思、在思中悟。正如美国反思性教学思想的重要倡导者舍恩所说，反思是专业人士表现出来的一种普遍素质。因此，教师应习惯反思日常化，并使之成为自己专业生活的一部分；努力做到善取善舍，与时俱进，步履从容。

2. 训练反思能力

学校应努力为教师构建反思的平台，训练教师的反思能力。比如，教师可以多写反思教案、定期听课评课、开展专题研究、寻求专家指导等，

不断提高课堂教学水平。教师只有通过实践与反思的不断循环，逐步提高课堂教学应变能力，关注教学行为背后的思想、观念，才能提高教学技能，优化课堂效果，从而在不断反思中获得进步。

(五)加强教师的研究力，使教师在自我成长中提升幸福感

苏霍姆林斯基说过，如果想让教师的劳动能够给教师一些乐趣，使天天上课不致变成一种单调乏味的义务，那就应当引导每一位教师走上从事一些研究的这条幸福的道路上来。教师的幸福离不开教学研究，因为一个只能把课讲好而不会进行教学研究和教学反思的教师是不幸福的。这就要求教师更加关注问题的研究，由"经验型"转向"科研型"，由"教书型"转向"专家型"。教学研究能减少教师因缺乏有效的教育手段而产生的烦恼，增强教师的工作胜任感和成就感，从而让教师体验到幸福感。因此，我们应采取措施加强教师的研究力，使教师在自我成长中提升幸福感。

学校积极开展各种教育创新研究、举办各种论坛及教学技能大赛等，并聘请北师大、首都师范大学、北京教育学院、北京教育科学研究院等院校的专家走进校园对教师进行学术指导，以充分调动教师参加教学研究的积极性，加强教师的研究能力，不断改进教师的教学水平，使教师的教育教学效益得到提高，使教师在自我成长中提升幸福感。

(六)帮助教师建立融洽的人际关系，体悟人际生活中的幸福

教师在工作过程中接触的群体大多为学校领导、同事、学生和家长。

在这些各不相同的角色中，教师应该选择一个平衡点来看待他们的需求。这就要求教师建立融洽的人际关系。

首先，教师要善于与学校领导、同事交流，有效、及时处理来自不同方面的压力事件，合理疏导压力带来的各种影响。其次，教师要尝试理解学生的心理，做到师生之间可以相互信任。最后，教师要把握好与家长接触的尺度，避免出现交流对话过多或不足的现象，善于处理学生的问题。和谐的人际关系会为教师提供更好的角色转换空间，让教师能轻松工作，体会到工作带来的快乐和幸福。

教师是一个特定的社会角色，这一角色会给他们带来特定的幸福体验。同时，教师的幸福也与其职业本身创造的价值相关，与社会对这种价值的认同与需求相关。另外，教师的工作是一项专门与人打交道的工作，课堂上与学生交流，课余时间与同事交流，课后还需要与家长交流。因此，融洽的人际关系是教师幸福感的来源。

(七)建立公平合理的教师评价体系，有效提升教师的职业幸福感

科学合理、公平公正的教师评价机制能激发教师的教学热情、提高教师的教学水平、促进教师的专业发展，同时还能使教师体会到工作的幸福。教师是课堂教学的主导者，能在评价中认识自己、发展自己，能有效提升自身的幸福感。

我们对教师的评价应是全面的、立体的。除了教学成绩，教师评价的内容还包括教师的工作态度、教研成果、继续教育状况、带班情况、参赛获奖情况，以及教师参加集体活动的情况、义务劳动的情况、参加体育锻

炼的情况、丰富学生课余生活的情况、和同事或学生的关系等。另外，评价方式也有多种，包括教师自评、领导评价、同事评价、学生评价、家长评价等。教师评价体系应力争全面、公正、客观、科学，通过评价有效提升教师的职业幸福感。

(八)塑造良好的校园文化，提高教师的幸福感

校园是教师获得幸福的主要场所，课堂是实现教师幸福的主要阵地。校园文化是学校的灵魂，温馨、和谐、公平、民主、尊重、人文的校园文化必然会点燃教师内心的幸福火种。良好的校园文化能够使教师体验幸福，能够以多元、多姿、多态的幸福观诠释幸福，让教师能够不断汲取幸福和快乐的元素。

积极营造良好的校园文化是我们的工作重点。在学校文化建设中，我们在社会主义核心价值体系的引领下，以学校的观念文化为核心，使教师文化、学生文化、制度文化、课程文化、物质文化、网络文化全面发展，努力使校园成为教师幸福感的策源地。

五、关注教师专业发展的过程

(一)准确把握外部引领与专业自觉的动态平衡

从过程哲学的视角看，教师的专业发展是一个动态的过程，也是一个长期的复杂的过程。教师的专业发展程度与学校的发展阶段、教师不同的职业发展周期、工作环境、学校领导的思维方式、教师的价值观念

有着密切联系。在一定意义上，外部引领与专业自觉是教师专业发展的两极。外部引领是教师专业发展的辅助条件，专业自觉是教师专业发展的内在动力。没有教师的主动发展意识，外部引领也就无法发挥作用。

我们应当根据具体的教育教学环境，结合教师的个体差异，保持外部引领与专业自觉的合理张力，在一定的张力下寻求二者的动态平衡。这种平衡不是平均的，也不是一成不变的，而是不断地从一种平衡走向另一种平衡。如果外部环境发生了变化，原有的平衡状态自然会被打破，就要走向新的平衡。同理，如果教师的专业态度、能力发生了变化，这种平衡也会被打破。

我们要时时刻刻关注教师专业发展的状况与学校发展、教育环境的变化，根据这种变化适时调整教师发展的引领策略，根据这种变化不断调整学校管理的程度，使其处于平衡状态，最大限度地促进教师的专业发展。

(二)实现三种空间之间的和谐与平衡

教师的第一空间(家庭空间)、第二空间(工作空间)和第三空间(工作与家庭之间的过渡空间)，是一种和谐与平衡的关系。我们需要帮助教师实现这三种空间之间的和谐与平衡，积极采取措施帮助教师创造丰富多彩的第三空间生活。教师的第三空间不是一种基于享乐主义、个人主义的单纯的休闲娱乐空间，而是一种丰富情感、提升智慧、强大内心、促进生命成长的积极健康的专业发展空间。

学校在加强教育教学硬件建设的同时，应修建健身房、咖啡厅、篮球馆、羽毛球馆、乒乓球馆、草坪、花园等，积极打造教师的第三空间，进而拓展教师的专业发展空间。

(三)关注专业发展的不同过程

重视教师专业发展的过程是知识经济时代的要求，也是学校发展的现实需要。不同时期、不同学校、不同学段、不同年级的教育教学状况和对教师的发展需求各不相同，造成了教师发展的差异。在大体相当的时空条件下，教师的素质包括教育教学的观念与水平、知识与能力、职业道德与情感态度等因人而异，也造成了教师在专业发展方面的显著差异。所以，我们应关注教师专业发展的不同过程，殊途同归，最终实现教师专业发展目标。为此，我们采取了以下措施。

1. 建立选修式培训制度

我们将原先学校统一的假期集中培训制度改为教育科研培训、学科教学培训、班主任培训、外出学习、走访名校相结合的制度，由教师根据自己的需要自由选择。其中，外出学习和走访名校又分多个方向，满足了不同教师的专业发展要求，大大提高了教师专业发展的自发性。

2. 建立教师自发性发展共同体

我们鼓励教师建立自发性发展共同体，自己选举负责人、制定章程和计划。例如，新入职教师自发组成了青年班。在学期开学初，"民选"班长李远老师主持召开了第一次座谈会，广泛征求了其他教师对自己专业发展的愿望和要求，形成了年度计划。根据新入职教师迫切需要班主任具体工作指导的需求，教育处邀请优秀班主任和新入职教师展开座谈，取得了良好的效果。

3. 建立自助式教师培训教师的制度

在学校的指导下，全校教师自由结成师徒关系，形成教师培训教师的制度。这种制度不只是青年教师向老教师学习，也有老教师向青年教师学习信息技术、外语等。这是老教师和青年教师之间相互学习的过程。

(四)始终坚持以启迪教师的创造性思维为核心

过程哲学认为，一切事物都有其创造性，创造性是其存在的终极原因。所以，教师只有在专业发展过程中彰显其创造性，才能得到良好的自发性发展。

例如，对于青年教师来说，他们极易模仿老教师，按照固定的模式进行教育教学，容易形成求稳思维。在这种思维的束缚下，他们往往不敢冒险。一旦形成这种求稳思维，如果遇到新的信息，他们就往往习惯选择与原有意识内容一致或相似的对象进行反应，习惯接受自己所认同或自己感兴趣的事物和观点，并且总是按原有的思维框架组织反应，具有强烈的认同性，不敢进行观念历险。这样就会影响青年教师创造性思维的发展。

我们积极鼓励教师敢于怀疑，敢于提出问题，敢于打破固有的思维模式，敢于改变原有的观念，敢于观念历险，敢于犯错误，使思维和认识经常处于待变状态，以在条件具备时改变思维方向，从既有的思维模式和观念中超脱出来。

六、优化教育生态，促进教师自主发展

(一)利用方庄教育集群，优化区域教育生态

现代教育、现代学校的一个重要特征是教育教学工作和管理行为对教育科研的依赖性。随着教育改革的不断深入，我们迫切需要从教育科研中寻求新的生长点和发展动力，不断提高教师教育教学工作的精细化程度和技艺化水平，不断增强教师的教育智慧，使教育改革和学校发展能够更加科学、规范、高效地向纵深推进。

建设教育科研生态，唤醒沉睡在教师职业生命中的教育科研意识、需要和潜能，使教育科研成为教师的一种自觉、自愿、自发的行为，成为他们职业层次体系中满足基本生存和发展需要后一种较高层次的自我实现的需要，成为他们职业生命的一种较为自由的状态，与教育教学工作形成相生相成、互促互进的良性循环。

多年来，方庄教育集群建设步步深入、不断升级，取得了初步的成功。方庄教育集群从本质上说是一个比较成熟的区域教育生态系统。其中生态性是其重要特点。所以，利用方庄教育集群这个比较成熟的区域教育生态系统进行教育生态建设，应该更容易取得效果。

方庄教育集群建立后，将小学、初中、高中不同学段的成员校按照学科选派优秀中青年教师组建学科工作室。学科工作室集教研、科研、培训

于一体，定时间、定地点开展活动，整体提升了集群的科研能力，形成了良好的集群科研生态。

在方庄教育集群内，我们依托北师大、首都师范大学、北京教育学院等单位，建立了教师发展中心；组织专家讲座培训、主题研讨和课题研究，组织外出学习培训等，不断提高教师的专业发展水平，并适时开展集群课堂开放和诊断活动；跨校开展骨干教师、青年教师导师带教活动，积极开展校际教师交流研讨和联片教科研活动。

(二)从教师的需要出发，积极打造良好的教育生态

马克思主义认为，人的需要即人的本性，人的需要就是人性的现实。人性的丰富性表现为需要的丰富性，人的生命活动是积极的、全面的，人的需要也是多种多样的、不断发展的。人性发展到什么程度，需要也就发展到什么程度。处于现实生活中的人不断遭遇着新的危机和挑战。我们总要超越当下的生存状态，通过不断的自我否定、意义追寻，走向人的自由，走向人的可能的发展的丰富性。人性也就伴随着这种演进而得以丰富和升华。

所以，在打造优质教育生态的过程中，我们必须首先了解教师的当前需要是什么，长远需要是什么。不了解教师的需要，教师培训不但很难得到理想的效果，有时甚至会起反作用。这是教师培训投入大、收效小的重要原因。如果我们明确了教师的需要，那我们就会迅速、自然地切入教师培训的主题，产生积极的效果。例如，学校历史组有一位教师要参加北京市的教学设计比赛。此时这位教师的需要就是得到科研方面的帮助和指

导。得到这一信息后，学校科研室迅速跟进，全力给予指导、帮助。最终这位教师不但教学设计获了奖，而且一年之内在专业期刊上发表了三篇论文，从此走上了教育科研之路。

2

共同体的课例研究

传统课堂大家都很熟悉。教室前面有讲台，教师在上面讲，学生在讲台下排排坐、认真听、仔细记……不过这种模式无法引领学生进行自主学习、合作探究。所以，在佐藤学教授的指导下，我们开始了学习共同体的改革与实践。

一、厘清自发性和共同体的关系

自发和自觉是相对的概念，自发性隐含着对理性认知的激发，有了认知的思考可以激发自发性。自我意识是无意识的反应。我们既不能受自我意识的控制，也不能过度受理性认知的控制。反思之前的课堂教学，是不是还存在教师过度教授学生学科知识，忽视学生发展的兴趣和动机的现象？在教育孩子的过程中，尤其在幼儿期，过度关注孩子的自我意识，会使孩子变得任性、乖戾。自我意识和理性认知间想要获得平衡，便会引发自发性。自我意识和理性认知的发展是螺旋上升的。更高水平的理性认知会唤醒自我意识，形成自发性。

共同体一般具备五个特性，即兼容并包、鼓励发问、自组织、拷问心灵、精神自由。人是独立的个体，但在团队里又处于群体中。私人的个体的自我和公开的关联的自我其实是相矛盾的。教师不愿意分享自己的教案，这体现的是个体性；但团队又需要教师有共享性、关联性。所以我们要尊重专利权、尊重教师创造性的教育教学成果，建立相关机制，让大家愿意"拿出来"。

共同体要尊重、保护、培育、延展个体的自发性，让个体的自发性变成群体的自发性，更好地达成组织目标。这便是自发性和共同体的关系：自发性对共同体是必要条件，共同体对自发性是充分条件。

自发性与共同体应保持良性关系。学校要做好组织管理，使队伍群体共同成长，教学质量稳中有升。如果二者关系处理不好或二者缺其一，则会导致教师队伍发展不良，教学质量变得不稳定。

从个体的层面讲，自发性和共同体的协调发展奠定了教师发展的整体自由意志的基础；缺少了共同体，便失去了集体自由意志的充分条件；缺少了自发性，共同体就是一个没有灵魂的空壳。

从组织层面讲，在自发性与共同体的协调发展中，自发性保障了组织文化的与时俱进，引领着共同体的持续迭代发展。若缺乏自发性，组织文化就会腐朽，组织发展条件就会陈旧，教师团队就会失去生命活力。

自发性对于教师来说特别重要。现在有些学校管理生硬，如考勤坐班，很容易让教师丧失自发性。而有些团队具有灵性、活力、创造力、组织性、有序性，这正是因为团队与教师个体、群体的自发性达到了很好的协调发展状态。

为了保护自发性、建立共同体，我们建立了三个空间：信息空间、物理空间、心理空间。信息空间和物理空间主要针对的是共同体建设，心理空间主要针对的是自发性建设。

二、以学习共同体悦纳每个学生

传统课堂较多采用讲授法，突出表现在：注重知识框架的完整性、规范性和系统性；以知识为教学的目的；常考点即重点，知识应用即能力；以知识间的逻辑关系设计与组织教学；以知识学习体现能力目标。

这种课堂模式是第一次工业革命时代的产物，培养的是批量化的、标准化的人才。现在已经是第四次工业革命了，如果还不变革，仍坚守传统课堂，显然已不能满足时代发展之需了。

当下以人工智能为标志的第四次工业革命要求深度学习，要求学生加强理解和创新。在人工智能和大数据的支撑下，教学要变革，灌输式教学要变为以学生为中心的个性化学习。我们要培养的是能够创新和解决复杂问题的人，这符合核心素养的培育。课堂要变革，实行自主、合作、探究的学习模式。

传统课堂模式无法引导学生进行自主、合作、探究，所以我们在数年前就开始了学习共同体的改革。

我们邀请佐藤学教授团队来校进行指导。成员校从小学一年级到高三年级，全部改为学习共同体的模式，全方位无死角。我们将教室改成了四人一组的学习小组的布局形式。教师走下了讲台，走到了学生中间。

教师走下了讲台，是不是就意味着学习共同体建成了？没有那么简单。

我们强调"四让四还"：教师让出空间，让出讲台，让出角色，让出精彩；教师把思考时间还给学生，把表述机会还给学生，把体验过程还给学生，把认知反思还给学生。

教师在课堂上的身份发生了如下转变。一是从演员变为导演，即创设轻松、自如、自主、合作、探究的氛围。这对教师提出了更高的要求。

二是变灌输式教学为探究式教学。教师不是不讲了，而是没有了单向的灌输式的讲，采用了探究式的讲。教师的讲授是为了配合学生的合作探究。

教师要敏锐观察课堂，引导每一个学生都不掉队：教师走到学生中间，不是解答问题，也不是让学生自己探究，而是走进学生的场域，了解学生为什么会停滞。

三是设计基础性问题和挑战性问题。基础性问题是学生都要掌握的问题；挑战性问题是根据学生学力的不同提出不同掌握要求的问题。

学习共同体是学生自发组织的，没有任何外力强迫。我们创新了"三走制"。一是实行群内走校。比如，集群内的中央音乐学院附属中学的音乐水平高，我们学校的文化水平高，两所学校实行学生走校。二是实行校内走班。三是实行班内走位。共同体是活的，人员、知识、思维可以流动，当然也不是乱流动、随便走。

这种共同体是非常有活力的、开放的自组织，激发了学生的自发性。这种共同体就成为师生共同成长的生命场。

在课堂上，学生要和自己、他人、客观世界对话。在学习共同体中，学生感到安全、幸福、自由时就能进行对话。

我们还对学生提出了"八个学会"的要求，即学生要学会相处、学会珍惜、学会倾听、学会欣赏、学会尊重、学会分享、学会助人、学会感恩。这"八个学会"和核心素养高度一致。

现在学校的课堂已经实现了结构性、功能性的转型，不仅发生了物理空间、形式的变化，而且发生了真正本质上的变化。只要有学习共同体在，灌输式教学就是行不通的。

家长会也实行学习共同体的形式。家长、教师、学生坐在一起，共同研讨问题。这种形式深受家长欢迎，实施效果非常好。

学习共同体的课堂有三个层级。第一层级是有安全感的课堂。学生敢说话、敢交流、敢分享。第二层级是横向联系的课堂。第三层级是合作解决问题的课堂。

过去一位教师面对那么多学生，没有办法了解每个学生的需求，没有办法因材施教。学习共同体就解决了这个难题。

可能有的教师会有疑问：利用讲授法开展课堂教学，讲一个问题 5 分钟就能讲明白，而让学生自己探究，可能半小时也探究不出来，课堂效率、教学进度会不会受到影响？

其实教师不用担心。探究式教学追求的是学生的能力提升、思维升华，这是质变。灌输式教学追求的是量变，即知识量的增加。质变后学生的进步会更快，甚至会超过原先的教学进度。

事实上，学校自建设学习共同体以来，很少出现过教学任务完不成的现象。这叫学力加速度。看起来慢，但实际上发生了质变。学生的思维发生转变了，很多问题不用讲学生就明白了。多年的教育实践已证明了这一点。

以前上课时，有些教师站在讲台上的身姿比较僵硬。有了学习共同体，教师要关注学生，倾听学生，发现学生的问题。我们发现教师的身姿不再僵硬，学生的语言交流、眼神交流、姿态交流处处体现出课堂的融洽。

三、将教学升华为教育

2018 年的全国教育人会把立德树人融入思想道德教育、文化知识教育、社会实践教育的各环节，贯穿基础教育、职业教育、高等教育各领域。学科体系、教学体系、教材体系、管理体系要围绕这个目标来设计，教师要围绕这个目标来教，学生要围绕这个目标来学。

学科教师要明白自己首先是教师，其次才是教某个学科的教师；首先要清楚人的核心素养有哪些，才会明白教学空间要把学生带向何方。这也是从知识核心时代走向核心素养时代的必然要求。所以，教师要以核心素养指导、引领、辐射学科教学，彰显学科教学的育人价值，使之自觉为学生的终身发展服务，将教学升华为教育，实现从学科教学到学科教育的转变。

要将教学升华为教育，实现从学科教学到学科教育的转变，要求教师必须具有人文情怀。具有人文情怀的教师会在教育实践中相信学生具有人性的光辉和非凡的创新潜力，会以人文情怀、仁爱之心去关爱每个学生，读懂每个学生，尊重每个学生，会顺应学生的天性和自由良心，用爱去唤醒学生的童心，而不是按照成人的标准去塑造学生。在他们的眼中，教育的任务就是在没有外部压力的情况下顺应学生的木性，促成其内在的觉醒和人性的完善。具有人文情怀的教师永远不会让教育失去美的光彩，永远不会失去远方，永远不会没有诗。

在课堂上，教师会以人文情怀培养学生爱的能力、爱的责任，让学生养成博爱的胸怀；培养学生强烈的社会责任感；让学生对自然有科学的认识并能够做出积极的反应；培养学生勇于探究未知世界的勇气，鼓励学生大胆质疑权威，培养学生不怕失败的抗挫折能力。环境温馨、气氛和谐能使学生有强烈的归属感。师生间不仅有问题的交流、思维的碰撞，还有情感的交流和互动。这样的课堂是理解需求、关注差异、注重激励、以学生为主体的课堂，是播洒撒幸福的阳光、释放生命的灿烂、洋溢生命的温暖的课堂。

学校化学竞赛教练杨进基老师认为人文学科弱的学生不可能取得化学竞赛金牌。这是因为人文学科弱的学生无法对学习有一个正确的情感态度，无法深刻领悟科学的真谛。所以，杨老师特别注重自己人文素养的提升，也更注重考查学生的人文素养。

四、注重提升教师的人文素养

在教育部委托课题研究的过程中，我们对成员校的校长和教师进行了问卷调研。调研结果表明，教师愿意参加的活动依次为通识培训和指导、人文素养培养、学科专业知识的深度学习、研究型教师素养培养。

校长愿意本校教师参加的活动依次为通识培训和指导、人文素养培养、学科专业知识的深度学习、研究型教师素养培养。在校长和教师的眼中，人文素养培养都排在前面。

所以，教师人文素养的培养在教师专业发展中占有重要地位，是教师培训的重点。在实践中，我们从以下几个方面开展教师人文素养的培养。

(一)阅读人文经典书籍

我们依托集群建立了方庄书院，有计划地组织开展干部读书沙龙活动、教师读书沙龙活动，定期进行读书交流活动。学校图书馆也积极向教师推荐好书，让教师阅读人文经典书籍。

(二)组织教育叙事沙龙活动，发展教师的心灵智慧

从 2008 年起，我们开始运用教育叙事研究的方式进行教师培训。触及心灵智慧的教育叙事研究增强了教师的专业意识，深受教师的欢迎。

1. 唤醒自发性，构筑教师专业发展的生命场

我们要使教师的专业发展回归到生命发展的立场上来，进而使教师的专业发展与教育教学工作形成相生相成、互促互进的良性循环，促进教师专业的可持续发展和高层次发展。在实践中，我们采取了翻转式研修、体验式研修、精准化研修、课例式研修、论坛式研修等方式，打破了校区、学段和学科的界限，使教师自主组合形成了主题聚焦的合作研修小组。合作研修小组具有教师专业发展共同体的性质和功能，是一种自组织。我们要加强这种具有自组织性质的研修小组的文化建设，推动教师的专业自发性发展，从而实现从校本培训到校本研修的转变。

2. 建设闲暇文化，自由沉淀心境

针对当下教师生活节奏加快、工作负荷增加、工作压力加重的实际状况，我们没有实行严格的坐班制度，以便于教师有更多的自由支配时间，合理安排业余工作和生活，能够静下心来与自己对话，从容内省和升华。

五、构建教师专业发展体系

我们依托方庄教育集群，积极开展教师培训，构建唤醒自发性成长的精准服务系统、助推平台迭代的机制保障系统、促进专业提升的技术支撑系统。

(一)构建唤醒自发性成长的精准服务系统

为有效促进教师专业发展，精准服务教师专业发展，方庄教育集群构

建了结构化、层次化的教师专业发展体系。

　　结构化强调从岗位、能力、学科三个维度进行集群教师专业发展体系建设。例如，校长领导力方面开展了实用英语、卡内基沟通力等培训；教师班级管理能力方面以集群卓越班主任发展研究中心、魏书生班主任工作室为核心开展了培训；提升教师专业理论研究能力方面申报了市级课题"教育集群教师校本培训机制研究"和国家级课题"区域教师专业发展及人力资源共建共享行动研究"；学科实践能力培训方面举办了全国本色语文教学思想研讨会，成立了物理特级教师陶昌宏工作室，开设了中华优秀传统文化、新音乐教育等课程。

　　层次化强调以教师的实际专业能力、学段和培训级别为依据进行集群教师专业发展体系建设。我们将集群教师专业发展分为成长、发展、骨干、卓越、专家等层次，同时充分关注集群从学前教育到中等教育等多层次的需求，努力推进国培、市培、区培、群培和校培5级培训的联动，以满足各个层次教师专业发展的需要。为此，方庄教育集群与北京教育学院丰台分院合作实施促进青年教师成长项目，与首都师范大学合作建设实践性教师专业发展社区项目，邀请英美专家讲授以学习者为中心的教学法、体验式教学法，与北师大开展教育叙事研究，自主开展青年教师同课异构活动和京津沪渝学校教育创新共同体骨干教师课堂展示活动。这些吸引了众多专家出席方庄教育集群发展与改革理论座谈会。

(二)构建助推平台迭代的机制保障系统

　　根据集群的特点，我们充分发挥集群的优势促进区域教师专业发展。

集群坚持相互尊重、共赢共生、自然生长的生态性运行方式；坚持研修动力的内生性，不强加外部力量推动；坚持各成员校自主参加研修活动；坚持研修活动的地缘性，将活动基本限制在集群服务区；坚持研修的开放性，积极与区域外教育组织交流，在多元文化的碰撞中形成研修的独特性。

(三)构建促进专业提升的技术支撑系统

方庄教育集群已经建立了云平台。教师可以将自己的精品教学设计、优秀课件、微课视频、作业设计等在云平台的资源库中进行分类存储，并对成员校开放。通过统计点击量，我们可以看到哪些课程受到师生关注。通过即时互动功能，我们可以了解师生为什么关注这些课程，从而有目的、有方向地进行修改，提升教学水平。目前，云平台已经形成了一个全新的教育教学资源生态系统。教师可以自主参考成员校其他教师的优质教学资源，最大限度地满足了自身专业能力提升的需求，同时也实现了相互的交流，开阔了眼界。

六、大视野下融合式校本研修让教师教研更有效

大视野下融合式校本研修具有全方位、多层次、立体化的特点，具体包括跨越学科教师和学段教师的主体融合，跨越各成员校的空间融合，跨越校内、校外边界的资源融合，跨越线上、线下的时空融合，跨越党政、教研、科研的过程融合等。在"双减"政策背景下，开展大视野下融合式校

本研修能够最大限度地满足教研主体的多元化需求，让教师的教研更有效。

(一)使教师教研在汇聚中互通、在互通中共生

新课程的综合性、开放性理念要求教师校本研修的视野更加广阔，教学各要素实现深度融合，教师校本研修形成联动共性。同时，作为成年人的教师在获取新的知识和技能时不可能是简单地接受，而是要与自己原有的经验发生关联和整合，通过一个个触发事件引起兴趣、激发参与的积极性，促进反思，进行自主知识建构。因此，新课程理念下教师校本研修应该是具有平等性、动态性、开放性和创造性的大视野下融合式校本研修。

当前我们利用大视野下融合式校本研修模式来推进项目式学习进课堂的改革。例如，2022年，我们举行了大视野下融合式校本研修活动。研修活动由教学处和教科研室牵头组织；来自初中物理、化学、生物学、地理、语文、数学和高中物理、历史以及音乐学科的教师结合本学科的项目式学习案例，分享了自己在项目式学习探索过程中的认识和收获；学校全体干部和教研组组长参加了会议，其他教师线上参会。

在研讨会上，与会教师对本学科的典型项目式学习设计方案和实施过程进行了解读；然后分享了自己对于项目式学习的理解、认识和收获，总结了本学科项目式学习设计和实施的策略。例如，初中化学组通过"从自然界中的盐到餐桌上的盐"项目的设计和实施，总结提出将项目拆分为导引课、探究课、展示课，在导引课上按照引入主题、点明意义、拆分任务

展开，在探究课上设计出必答题、选答题和终极挑战题等。

与会教师通过认真倾听拓宽了视野，拓展了思路，引发了共鸣，通过与自己的项目式学习案例进行比较，触发了创新思维，从而自主地进行了修改和完善。在校长的主持下，与会教师经过认真、深入的研讨，提炼出了项目式学习设计和实施方面的通识性经验，然后在集群内进行了推广。这次大视野下融合式校本研修是一个教师升华思维、启迪智慧的过程，使教师在汇聚中实现了互通，在互通中达成了共生，深化了对项目式学习设计和实施的理解。

(二)打破学段、学科和校区的界限，开发综合性、实践性课程，实现混龄学习

学生的生活是完整的，所以学生的活动不应是单一的。新课程强调强化学科间和学段间的联系，倡导课程的综合性和实践性。我们要培养全面发展的人，就要打破学科和学段的界限，进行跨学科、跨学段培养，实现不同年龄段学生的混龄学习。

大视野下融合式校本研修就是要打破学科和学段的界限，为学生提供综合性和实践性学习的通道，把将来学生开展的创新实践活动提前到学校学习阶段，让学生能够在学校模拟开展创新实践活动，为自己未来开展创新实践活动打下坚实的基础。

在项目式学习进课堂的改革过程中，我们建立了跨年级、跨学段和跨校区的学习共同体，在不同的学习项目之间进行相互联结，开发出了一批跨学科、跨学段的精品学习项目，实现了混龄学习。例如，地理学科的

"身边的人口——方庄社区养老驿站空间分布调查及合理化建议"项目与历史学科的"身边的历史——方庄社区的历史变迁"项目相互联系，联合实施。我们还邀请模拟政协社团和模拟人大社团进行了联合开发，形成了真实的提案。生物学科的"急救利器 AED 的应用与推广——校园篇"项目除了与数学学科的"校园寻宝"项目相结合，还在方庄社区推广使用急救利器 AED，将项目式学习课堂搬到教室外，使项目式学习成果为社区服务，呈现出实际价值。

(三)推动融合课堂建设

新课程理念下的课堂教学不再是单一的课堂，而是一种以学习者为中心的融合课堂，是教室内课堂与教室外课堂深度融合的课堂。融合课堂要体现出教书与育人的深度融合、德智体美劳的深度融合，还要与教育信息技术、人工智能等新的学习手段深度融合，与学习共同体、项目式学习、翻转课堂等新的学习模式深度融合，与相关学科的知识深度融合等。在融合课堂上，教师的教要和学生的学深度融合在一起，共同演奏出一曲动人的"交响乐"。

显然，单一的教师校本研修不能满足融合课堂建设。我们要进行打破学科、学段、时空、主体等界限的大视野下融合式校本研修，有时候还需要学生直接参与教师的研修，只有这样才能切实推进融合课堂建设。这种大视野下融合式校本研修本身就是一种项目式学习，就是一种融合课堂学习。在研修的过程中，教师在交流中碰撞思维，在鉴赏中感悟，在互动中反思，在比较中升华，在升华中融合，最终实现知识和思维的深度融合，从而推动融合课堂建设。同时，融合课堂建设又会不断地对教师校本研修提出新的要求，从而推动大视野下融合式校本研修的不断发展。

总之，大视野下融合式校本研修不是简单地运用学校的行政力量将知识硬塞给教师，而是与教师的学习特点进行匹配、协同，实现主体、时空、资源、过程等因素的深度融合，满足教师的多元化发展需求，全面提升教师的专业水平，为"双减"工作的推进创造条件。

3

自发性的教师发展共同体建构

在当前教育背景下，我国区域教师队伍整体规模大、发展需求复杂性高、专业水平差异大，教师发展面临群体融合不足、个体动力不足、名师辐射不足的问题。方庄教育集群探索建立的集群教师发展共同体已开始解决这些问题。

一、集群的"强师计划"

教师队伍建设是新时代"强师计划"的重要内容，高素质专业化创新型教师队伍是推动区域教育优质、均衡发展的关键力量。在当前教育背景下，我国区域教师发展还面临如下问题：一是单体学校教师培养力量不足，难以形成高质量的教师发展共同体；二是区域间缺乏协同机制，不同学校间教师的交流存在"孤岛"问题；三是传统的自上而下讲授式培训难以满足教师个性化的深度发展需求，教师认同感偏弱、岗位效能感不足；四是部分骨干教师缺乏持续大范围开展"传、帮、带"的平台和路径，且受限于"跨时空协同"的高成本，持续发展动能不足；五是区域教师的课程整合、教学设计、作业设计、学科育人等的能力有所欠缺，难以适应"双减"政策要求。

为有效解决区域教师发展中存在的问题，解决区域教育在资源共享、特色衔接、共同发展等方面存在的问题，方庄教育集群基于教师生态性、内生性、结构性发展的需要，开始探索推进"135"（1 个机制、3 个策略、5 个工具）集群教师发展共同体实践创新研究。方庄教育集群已发展为涵盖中小学、幼儿园、职业学校及民办教育机构的区域教育共同体，在辐射带动集群教师高质量发展、有效推进"双减"政策落地、优化区域教师发展生态方面发挥了重要作用，在区域教师队伍建设改革试点工作中的成效显著。

二、建构集群教师发展共同体机制

方庄教育集群以实现区域教育优质、均衡发展为目标，具有社区性、内生性、生态性与地缘性的特点，是一个具有自组织性质的区域教育共同体和一个协同发展的区域教育生态系统。

方庄教育集群以新时代培根铸魂育新人为导向，建构了旨在激发教师岗位效能感、事业成就感、生命意义感的集群教师发展共同体机制（见图2-1）。其具体内涵为：以岗位效能感提升为轴，形成以需求为牵引的区域教师发展协同场域；以事业成就感为导向，建构自下而上的"经验互融—结构重组—价值创生"的教师发展路径；以生命意义感为导向，建构自上而下的"社会需要—发展路径—实践依托"的教师发展通道；以"一轴一场双螺旋"为导向，建构区域教师发展内生动力系统。

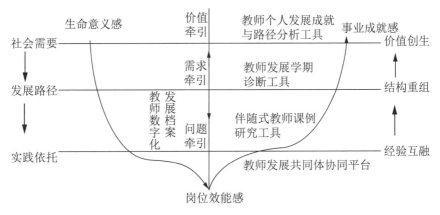

图2-1　集群教师发展共同体机制

三、以学习者的需求为中心进行重组、互融与创生

我们以学习者的需求为中心，以需求牵引促重组，问题牵引促互融，价值牵引促创生为策略，转变要素视角，重组区域教师发展的组织结构、空间结构和供给结构，以区域教师发展理念、情感和成果的互融拓展集群教师发展的关系场域。

(一)以需求牵引促进区域教师发展结构重组

首先，重组集群教师发展的组织结构。2014 年，集群教师发展中心建立，改变了传统的"同科同质同校"教师发展共同体模式，鼓励教师基于共同的发展需求自主建立"同题异质跨域"教师发展共同体。这种集群教师发展共同体是具有自组织性质的，更加便于教师的沟通和协作，激发了教师发展的内生性，实现了研修内容与需求的灵活对接、协调互动，提高了研修效果。这就促使原来的区域教师发展以他组织为主转变为自组织与他组织的有效结合，提升了区域教师研修的效果。

其次，重组集群教师发展的空间结构。我们打破了集群校际的边界，使教师发展物理空间由单体学校扩大到区域层面，将静态教师发展空间转变为动态职业体验空间，形成了骨干教师引领、成员发展目标关联、成员规模合理和成员结构互惠与边际成本优化的集群教师发展的空间结构。因成员校地域集中，教师可以集聚起来开展线下研修活动，借助智能研修平台随时开展网络研修活动，降低了联系成本与协调成本。我们通过三个纽带积极拓展教师发展的外部空间：一是在海峡两岸友好学校、京津沪渝青教育创新共同体、京津冀一体化研修共同体等的基础上，重点围绕雄安新区、"一带一路"沿线地区、藏区开展精准教育扶智等，形成了以区域交流互助为纽带的集群空间；二是与北京市各教科院、教育学院等教育机构合作，形成了以职前职后教师贯通培养为纽带的集群空间；三是与北京航空航天大学等 20 所高校签约，形成了以生源基地校为纽带开展多项共建工作的集群空间。

最后，重组教师发展的供给结构。我们通过梳理集群支持教师发展的存量资源，摸清了教师的发展需求、资源需求及学生与家长对师资的需求。在此基础上，我们重组集群教师发展的供给结构，提高教师发展项目设计与教师发展需求的匹配度。我们以同侪互助的方式，挖掘在专项领域拥有优秀实践经验的教师，成立了学术贤达团队，组织建立基于专项主题实践的教师发展共同体，以学术贤达团队为枢纽对接各共同体，盘活教师发展资源，促进教师发展资源的有效匹配。

(二)以问题牵引促进区域教师全方位互融

一是促进集群教师发展理念互融。从 2014 年起，为提升教师对新课程改革理念的认同感，我们确立了以学习者为中心的集群教师发展理念，形成了"基于需求、指向实践、伴随行动"的教师研修设计思路。同时，我们融合卡耐基正向沟通策略、以学生为中心的教学法、教师在线社区课堂观察法、协同学习等理念，重点解决了教师发展方式变革中所遇到的沟通、理念、教学与评价转变难题，形成了教师发展理念共识，实现了教师发展理念互融。

二是促进集群教师情感互融。我们通过集群教师发展自组织建设，破解了区域教师的交流"孤岛"问题，让从事相同业务、有共同专业兴趣、关注共同问题的教师能够相识相知，让更多教师通过教师发展共同体在集群中找到自己的知心伙伴，增强了教师的区域归属感和认同感，实现了教师之间的情感互融，促进了教师的深度合作。我们以学术贤达团队为中心，积极搭建平台，促进教师的知心合作、知音共振、知己共鸣，提升教师的职业幸福感。以上措施加强了教师间的情感联系，以价值输出推动了教师发展，提升了教师研修的温度，增进了教师的情感互融。

三是促进集群教师发展成果互融。我们通过建立成果推广机制与借助文本分析技术建立成果挖掘机制，扶持优秀教师开展研究，帮助传承、推广、分享他们的成果，不断助力优秀教师发展成果互融。在集群外，我们通过对湖北省十堰市、"三区三州"教师的对口支持，提高教师发展成果的适用性，以更大范围、更高平台的示范与辐射带动发展成果的理论和实践一体化融合，实现了更具社会效益的发展成果互融。

（三）以价值牵引促进区域教师共同成长

自我价值感能够使教师产生积极体验，强化自我认同，是促进教师心理健康、专业成长和实现优质教学的内在动力。集群积极创设路径、优化措施，以价值输出牵引区域教师不断创新创造，整体提升他们的主体性和能动性，将其内在积极体验转化为外在行动力量。价值牵引策略推进了教师业务素养的普遍提升。学生和家长对教师的满意度连续多年持续攀升，最终实现了区域教师群体共同成长。

一是培养集群学术贤达。集群注重寻找在教师中自发生长起来的学术贤达，并积极对其进行引导和培养。以这些学术贤达为中心，一些有共同实践问题与发展需求的教师会不断自发地聚合在一起，形成一个个凝聚力较强的发展共同体，实现密切合作，促进职业幸福感与价值感的全面提升。

二是创建多种类型的名师工作室。集群建立了名校长工作室、学科名师工作室、名班主任工作室等多种类型的名师工作室，通过工作室主持人的辐射示范、专业引领、成长探索和教育研究，使工作室成员共享共鉴，唤醒了自身的专业意识、教育意识、生命意识，产生了融合聚变的整体效应，促进了工作室成员的主体性成长与持续性发展。

三是加强同僚性教师文化建设。集群积极开展教师教育叙事、学术沙龙等活动，加强以休闲功能为主的第三空间建设，使教师之间的同僚性关系更加紧密，促进其在频繁的教育教学对话和交流中相互学习，引发智慧碰撞，并在话语共享中形成共同的教育愿景，从而让每一位教师都朝着教育专家的发展目标不断成长。

四、开发数字化赋能区域教师发展的支撑工具

在"双减"政策背景下，数字化赋能教师成为强化学校教育主阵地作用的关键。基于集群资源，我们开发了五个数字化的支撑工具。这些工具与原有教师发展场景伴随共生，助推了区域教师队伍建设。

(一)开发教师发展数字化档案，创建教师发展数据化分析中枢

我们建立了教师发展数字化档案，实现了对教师发展现状与成长变化全面、精准、及时的掌握，结合多个维度、多个指标为教师建立了数字画像，创建了教师发展数据化分析中枢，从育人工作、教学成果、科研成果、人才培养、继续教育、教学常规、教学实绩、研修行为等维度对教师的需求与现状进行了全面动态的了解。

我们基于数据，通过需求牵引，一方面向下挖掘教师在实践中产生的问题，提供更加精准的资源条件与组织支持，助力提升教师的岗位效能感；另一方面向上贯通教师发展需求与育人价值，提升教师工作的意义感与成就感，强化教师自我实现的动能。

教师发展数字化档案能够及时、准确地发现教师成长中的需求，使管理者能看见教师的努力与成果，使导师能更精准地把握教师的个性化发展需求，使教师可以在某一个维度和领域拥有成长为优秀教师的可能性。

(二)开发教师发展共同体协同数字平台，支持多类型共同体学习

我们以集群学术贤达为中心，不断挖掘与组织高价值、高引领的学习共同体。教师根据自己的需求自主选择加入发展共同体进行自助式研修，实现小、初、高三个学段全学科共融。教师通过小程序，将自身的实践问题与共同体成员进行实时分享与研讨。共同体成员可以随时开展主题研讨并做到多层次对话，在群体支持下实现专业水平的快速提升。我们以不同类型的需求为牵引，逐渐形成了三类教师发展共同体。

一是课例研究教师发展共同体，即针对教师核心的、共性程度较高的教学质量提高需求，组织同学科、同学段教师构建的教师发展共同体。该共同体主要通过示范课、优质课、课堂评比与展示活动等，有效创设学习情境，使教师快速反思自身实践，借鉴间接经验进入教学持续优化的良性循环。

二是专项主题实践教师发展共同体，即针对教师在不同教学阶段、不同教学情境下遇到的共性程度较高的、具有挑战性的问题，通过"诊断共

性问题—挖掘集群区域学术贤达—教师自主选择加入共同体—组织共同主题研修—研修平台常态跟踪"模式，构建微型主题类研究共同体运行机制，形成的"集体学—分开做—共同评—集群展"的教师发展共同体。聚焦同类实践问题的教师聚在一起，研究兴趣被有效激发。

三是改革项目探究教师发展共同体，即针对科研性质的课题和项目，重点聚焦集群视域下制约教育教学质量提升的瓶颈问题，将"自主发起"与"揭榜挂帅"相结合，在集群内招募有志之士，对提升教育教学和学校管理质量有重大价值的改革议题进行专项研究的教师发展共同体。该共同体具有很强的专业性，参与的成员应具有较强的探究意愿和一定的科研能力。集群特别注重为该共同体提供支撑条件，从集群研究资源配置、相关指导专家配合协调、研修平台学术资源支撑等方面，支持基于改革项目的教师发展共同体建设。

(三)开发教师发展周期诊断工具，优化教师发展设计与实施

我们聚焦学生的发展情况，从多个维度进行教育教学诊断，借助大数据与人工智能技术进行挖掘与分析，开发了教师发展周期诊断工具，实现了对教师需求"共性群体"的精准挖掘，开展了更加精准化的校本研修设计，提高了培训内容与方式供给的"靶向性"，使培养路径与资源结构能够动态匹配教师当下的需求。

根据教师发展需求大数据，我们开发了主题选修式研修课程。该课程以问题需求为牵引，旨在满足集群内不同教师的个性化发展需求，将自外而内的散点化研修资源进行整合，形成了自内而外的结构化、体系化研修

课程系统，包括通识、专题、探究三个层次的课程（见表 2-1）。

表 2-1　教师研修的三个层次的课程

课程	重点支持的共同体模式	适用对象	课程目标	课程实践资源的特征
通识课程	课例研究教师发展共同体	所有人	助力应用的课程	课堂应用的清晰路径、行之有效的方法和策略
专题课程	专项主题实践教师发展共同体	关注特定问题的教师	助力难点问题实际解决的课程	典型案例、问题解决的思路
探究课程	改革项目探究教师发展共同体	需要解决特定问题的教师	助力行动研究的课程	有价值的外部资料、有启发性的内部探究总结和实践案例

通识课程面向课例研究教师发展共同体，适用所有人，侧重课堂应用与实践的路径、策略等的学习，通过对课例的分析、反思助力教师专业发展。专题课程适用专项主题实践教师发展共同体，主要面向关注特定问题的教师，针对教师实践的问题和需求，积极进行资源整合，将教师实践研究过程中生成的成果沉淀、梳理、提炼成专题性课程内容，进而推动教师发展重难点问题的解决。探究课程适用改革项目探究教师发展共同体，主要面向需要解决特定问题的教师，侧重解决教师在教育教学中遇到的一些短期内难以体系化解决、需要中长程研究的问题。

通识课程、专题课程、探究课程层层传递与聚焦，为不同类型、层次和具有不同需求的教师提供发展所需的过程性支撑。

（四）开发伴随式教师课例研究工具，深耕教师研修主阵地

为了更好地解决教师实践中的研修问题，围绕教师课例研究，我们整

合了"学习—在线研讨场域""实践—小组互动场域""反思—个案观察场域""评价—追踪对比场域""展示—成果分享场域"五大场域，开发了伴随式教师课例研究工具，实现了与教师发展共同体平台的对接。教师不仅可以现场开展个人研究实践，还可以随时随地与其他教师进行线上协同研修，推动问题、知识、经验、资源的实时链接，实现动态交互。

(五)开发教师发展成就与路径分析工具，明晰教师发展通道

我们通过教师发展成就与路径分析工具，进行大数据分析与常模对比，为每位教师设计成长数据看板，显化职业发展成就。教师可通过与榜样教师群体的成长路径进行对比分析，明晰自身的发展现状及与榜样教师发展目标的差距，科学规划下一阶段的职业发展。我们基于教师发展成就与路径分析工具，展示完整的教师发展数据，鼓励共同体负责人、教研组组长等针对教师发展中存在的问题进行阶段性沟通，鼓励并帮助教师做好阶段性发展规划，以事业成就激发教师发展的内驱力。

我们每年为教师生成一份个人发展报告，给予教师一把衡量自身全面发展的尺子，帮助教师准确定位自身的发展目标、分析各领域的发展变化轨迹。

此外，我们还对教师的教科研、教育教学等领域的数据进行语义分析，通过词网提炼出共同体和教师个体所关注的研修重点及其关联性，分析其所体现出的发展特色。我们通过学年间的阶段分析比较和共同体间的特色比较，让教师清晰把握自身的发展特色，提升自我认同感，促进共同

体的多元发展。

五、继续坚持以学习者为中心的教师发展观

集群教师发展共同体的创新实践促进了教师的观念转变，解决了教师的实践问题，突破了教师发展的高原期，提升了教师的综合素养。我们通过大数据词网分析发现，教师发展共同体提交的教学反思中的关键词是"学生"。这表明以学习者为中心的理念已经深入教师的内心。

具体而言，教师发展实现了六个转变。在专业发展的核心动力上，从以认同感为驱动发展为以认同感、效能感、价值感为驱动，教师发展的内驱力更多元、更强劲。在研修目标上，由以促进教师观念转变为主转向以提升教师的实践融合能力为主。在研修课程上，由课程内容散点化、不聚焦转向课程内容体系化、结构化，能够满足不同教师自我提升的需要。在研修重点上，由强调专项内容的学习转向关注教师知识能力的融合提升。在研修方式上，由单一的线下学习转向线上、线下混合式学习。在研修成果上，由以实践经验总结为主转向理论与实践成果并重。

集群教师发展共同体建设虽然取得了卓越的成绩，但在发展过程中也存在有待进一步探究和解决的问题。例如，骨干教师"群管校聘"的合理途径有哪些？如何设立集群职称、集群荣誉称号？如何认定集群教师自组织研修学分？如何实现龙头校轮值？如何实现集群从"1＋N"到"N＋N"的发展模式转变？等等。教师发展最终要落在学生发展上。教师发展是否有效

促进了学生发展，是我们接下来需要进一步回答的问题。未来，我们将基于智能技术和数据分析，探索学生综合素质评价、学业评价、家庭与社会评价等和教师专业发展之间的关联性，通过质性研究与量化研究相结合的方式，更好地追踪与评价教师发展对学生发展的影响，深化教师发展共同体研修对学生全面发展的促进作用。

第三章

育传承君子品性的现代人

　　教育现代化是一个从传统教育向现代教育转型的过程，是在对传统教育的选择、改造和继承中构建新的教育。人是现代化的主体，是现代化活动的实际承担者。现代化的关键就是人的现代化。十八中要培育传承君子品性的现代人。

1

新时代关于育人的现代化的认识

人的现代化与人的全面发展都是关于人的学说。人的现代化是人的全面发展的必经阶段。实践是实现人的现代化和人的全面自由发展的共同手段。人的全面发展是人的现代化的最终目标和必然结果。

一、新时代的教育现代化是什么

教育现代化是社会现代化的重要组成部分，也是对社会现代化进程的回应。在这个过程中，教育思想、教育理念、教育目标、教育制度、教育内容、教育方法与手段等逐步达到现代化的世界先进水平，能够培养出适应新的生产力与生产关系的高素质人才。

随着知识经济时代的到来，信息化、互联网、大数据以及人工智能技术的快速发展加快了教育现代化的步伐。教育现代化包括人的现代化、教育思想和理念的现代化、教育治理的现代化、教育设施的现代化等许多方面。其中，教育现代化的本质是人的现代化，核心是教育思想和理念的现代化。

党的十九大报告强调深化教育改革，加快教育现代化，办好人民满意的教育。2019 年 2 月，《中国教育现代化 2035》和《加快推进教育现代化实施方案（2018—2022 年）》印发，标志着我国教育现代化新征程的开启。《中国教育现代化 2035》提出了中国教育现代化的战略背景、总体思路、战略任务、实施路径、保障措施，提出了推进教育现代化的八大基本理念，为中国的教育现代化指明了方向。

2019 年 9 月，北京市印发了《首都教育现代化 2035》，为北京市的教育现代化建设进一步指明了方向。

（一）科技进步与教育现代化

科学技术是经济社会发展的第一动力，也是影响教育形态发展变化的重要动力。随着新工业革命的到来，科技进步日新月异，互联网、云计算、大数据、移动通信、自动化、人工智能、3D 技术、先进制造等领域呈现群体跃进态势，颠覆性技术不断涌现，新产品、新产业、新业态、新模式不断出现，深刻改变着人类的生产方式、生活方式和学习教育方式。

与以往工业革命不同的是，第四次工业革命是 20 世纪 80 年代以来主要发达国家通过实施教育发展战略合力推动大规模的人力资本储备扩张的结果，必然带来教育领域的深刻变革，要求改革与创新传统的教育教学模式，树立以学生发展为中心的教育教学新理念，努力培养学生的创造力。

(二)现代化进程与教育现代化

人类社会的发展是一个不断从简单、同质走向复杂、异质的过程，现代社会可以说是一个高度分化的多元社会。多元的社会环境为现代的人们提供了全面自由发展的空间和契机。作为社会的主体，人的发展必然是社会发展的最终目的；而只有人的发展，社会的发展才能获得强大的推动力量。所以，教育是推进社会现代化发展的重要动力。

现代化进程与教育现代化是相一致的。从世界历史上看，教育现代化的第一阶段为第一次工业革命到第二次工业革命之间，掀起了蒸汽机时代的教育现代化热潮，其范围主要在欧洲。第二阶段为第二次工业革命到第三次工业革命之间，是电气时代的教育现代化运动高潮，其范围扩展至美洲、亚洲的部分国家。第三阶段为第二次世界大战后第三次工业革命兴起，是信息时代的教育现代化改革高潮，其范围已扩大到全世界。在这个意义上，世界教育现代化是指工业革命以来适应小农经济和传统宗法社会的封建旧教育向适应工业化的现代社会的新教育转变的历史进程。

从世界教育现代化推进的基本路线可以看出，推动这一运动的依然是教育服务本国的经济发展。所以我们要在世界教育现代化的演进过程中努力创建具有本国特色的现代教育新体系。

当前，我国经济正处在从"量的发展"到"质的发展"的关键期，经济发展向形态更高级、分工更优化、结构更合理阶段演变的趋势更加明显。要推动结构调整和产业升级，保持中高速增长，就必须创新。教育发展要为各方面创新提供知识、技术和人才支撑。同时，人们对公平正义的诉求日趋增强。教育公平具有人生起点公平的意义，是实现社会公平的基本手段，是人民群众关心的现实问题。

随着我国城市现代化进程的加速，城市居民的生活方式进入了一个多元化、多样化、个性化的全新阶段。物质科学技术进步为精神文化生活水平的全面提高奠定了基础，也必然会促进人们对高质量精神生活的追求。随着人民日益增长的美好生活需要和不平衡不充分的发展之间的矛盾成为新时代我国社会的主要矛盾，人们希望通过接受教育提高自身素质、改变命运的愿望更加强烈。努力办好人民满意的教育，使全体人民学有所教、幼有所育，保障公民依法享有接受更加公平、更高质量教育的机会，成为党和政府义不容辞的职责，也是我国教育改革发展的内在动力。

(三)社会价值观与教育现代化

教育现代化的关键是人的现代化，需要社会价值观特别是核心价值观的引领。社会的核心价值观是反映社会制度、时代本质的价值观，具有主导性、决定性、超越性和凝聚性，引领着教育现代化的目标和方向。

我国的教育现代化需要社会主义核心价值观的引领。我国的社会主义核心价值观有着深广的外延和丰富的内涵，凝结着时代精神和社会共识；有着深沉的传统意味和悠久的历史渊源，渗透着中华优秀传统文化和传统礼仪风俗；有着长远的目标规划和鲜明的价值指向，融汇着共产主义理想和社会主义本质追求。我国的教育现代化建设必须始终不渝地坚持社会主义核心价值观的引领。只有在社会主义核心价值观的引领下，我国的教育现代化才能坚持正确的方向，才能产生不竭的动力。

二、新时代的人的现代化是什么

人是现代化的主体，是现代化活动的实际承担者；现代化的关键就是人的现代化。所谓人的现代化是指人的生产、生活方式和观念、思维方式等从传统转向现代的过程，是人的自身素质的提高和人的社会关系的全面发展。人的现代化内涵十分丰富，主要包括人的生产方式、生活方式、行为方式、思维方式、交往方式、精神品格、心理态度、行为习惯、技术技能等方面的现代化。其具体表现为理性、独立性、平等性、公正性、担当性、开放性、民主性、协作性、效率性、契约性、参与性、科学性、创新性等。人的现代化最终指向人的全面自由的发展。教育现代化的根本任务就是全面落实立德树人的要求，培育能够担当民族复兴大任的时代新人。立德树人成为教育现代化的宗旨。

(一)现代人的人格特征

现代化的社会服务现代人，现代化的经济依托现代人。现代人应有现代化经济、政治、社会、文化、生态等方面需要的现代人格，现代人格是现代人的核心。现代人格涉及思想、观念、行为等方面，一般包括科学精神、理性思维、开放心态、乐观精神、纪律观念、守法习惯、计划意识、平等观念、人文关怀、向上追求、学习能力等。

(二)人的全面发展

人的全面发展是马克思主义最高的价值理想。马克思主义关于人的全面发展的内涵丰富，蕴含着人的需要的全面发展、人的能力的全面发展、人的社会关系的全面发展以及人的个性的全面发展四方面的内容。

1. 人的需要的全面发展

人的需要使人产生了相应的行为，人的生存方式和生活状态在一定程度上取决于人的需要。需要的产生以及需要的满足促使人们不得不去从事物质资料生产，不得不去从事一些必要的社会实践活动。在此过程中，人们又将会产生新的需要。人的发展就是在人的需要不断产生、追求以及实现的过程中才得以逐步实现的。人的每一次需要的满足都会引发出新的需要、新的实践，而新的需要的满足和新的实践的实现又将引发更新的需要、更新的实践，如此循环往复以至无穷。只有把个人的需要与他人的需要、集体的需要以及社会的需要之间的关系处理好，人才能实现可持续的发展，才能获得全面自由的发展。

2. 人的能力的全面发展

所谓人的能力是指人类在社会实践活动的过程当中所形成的物质生产、精神生产以及人自身生产的客观的能动力量。人的能力是人的综合素质的集中体现，人的全面发展意味着人的各方面能力的全面发展。个体能力的发挥依赖集体能力的发挥，集体能力是个体能力以一种相互协作的方式而形成的新的生产力。

3. 人的社会关系的全面发展

社会关系所反映的是人类所特有的本质联系，主要表现为人与人之间的政治关系、经济关系、文化关系以及交往关系等。社会关系决定着一个人可能发展的程度。人的社会关系不能仅仅局限于狭小的空间范围，而要扩展到国际领域。随着社会的发展，人的社会关系的范围会越来越大。

4. 人的个性的全面发展

马克思主义认为，人是追求自由个性的人。人的个性发展是人们的认知、情感、信念、意志、价值观等各种心理因素的综合发展，主要包括自律性、自由性、自主性、独创性。个性的充分展现是人的全面发展的综合体现和最高目标，也是人的全面发展的根本内涵。

(三)人的现代化与人的全面发展

人的现代化与人的全面发展都是关于人的学说，都是人类进步发展状态的体现。二者既存在联系，又存在区别，是辩证统一的关系。人的现代化和人的全面发展具有一致的现实需要，人的现代化与人的全面发展具有相同的价值目标。人的全面发展是人的现代化的最终目标和必然结果，实现人的现代化的过程实质上就是实现人的全面发展的过程。

在社会现代化实践过程中，人的现代化与人的全面发展应该是相互促进的。但是，人的现代化与人的全面发展也会出现相互分离的情形。所以，我们必须采取合理的措施实现两者的有机融合。

三、我国传统文化与教育现代化的发展

我国的教育传统反映的教育理念无不折射着我国传统文化的基本特点。其主干就是孔子所创立的一套具有强烈实践性特征的合智德、通内外的教育理念系统，即合才智培养与道德培养为一体，贯内在心性教化与外向达行于一身的"文化的教育"。孔子是我国古代伦理学和道德教育理论的奠基者。他的学说以"仁"为核心和最高道德标准。儒家在《大学》中明确提出的教育纲领是"大学之道，在明明德，在亲民，在止于至善"。教育的目的在于"明明德"，就是使人们先天的善性得到明复和发扬。善德既明就要做"新民"，并且要达到"至善"的境界。应该说孔子的教育人才标准是德才兼备，全面发展。

儒家思想作为一种精神思想，在不同时代的应变、发展中表现出强大的生命力。这种生命力就是源于有关人的问题的精辟思想。

1840 年西方列强的坚船利炮在迫使我国沦为半殖民地半封建社会的同时，也带来了西方的宗教、科学和文化。那个时代"经世致用""中体西用"成为我国文化和教育的价值选择，使教育性质发生了根本转变。

新文化运动以它果敢的革命精神和无畏的战斗勇气，震动了我国思想界，极大地启发了我国人民的民主意识，为后来的马克思主义传播和五四运动的爆发创造了有利条件。五四运动后，随着马克思主义在我国的传播，建设民族的、科学的、大众的文化主张成为发展我国文化教育的新方向。在中国共产党的领导下，特别是新中国成立以后，我国开始

逐步建立代表大多数人民利益的全新教育制度，实现了教育性质的彻底转变。

以辩证的、历史的方法评价我国传统文化，要看到我国传统文化在历史发展中的积极作用，认识到我国文化的发展离开传统文化会成为"无本之木"；还要看到我国传统文化根植于农业文化，的确会与我国现代化的进程存在不一致，必须对我国传统文化进行变革，提取适应时代的优秀文化，赋予它现代的内涵。

在教育价值上，传统文化的传承与现代文明的回应必须是以社会发展需要为中心的教育价值观与以个人发展需要为中心的教育价值观的统一；强调教育的根本目的在于提升人的境界，唤醒人的精神，培养健全的人格，以求人类精神的至善至美。在教育目标上，必须力求实现完善人格与持续提高人的总体能力的统一，培养受教育者的自主学习能力，使受教育者的各项素质都得到充分、自由、和谐发展，最大限度地促进人格的全面发展。在教育内容上，要把传递科学知识与培养人类文化价值观念和伦理道德规范结合起来。

四、我国传统文化与教育现代化的传承

我国传统文化与新时代教育现代化主张的一致性有很多。其中突出表现在仁爱、终身学习、以学为乐与和谐上。

(一)仁爱

儒家提出的"仁者爱人"指的是要重视人际情感的重要作用，主张"爱人"。所谓"爱人"就是用仁爱征服人心，协调人际关系，以保证活动的正常开展。这种以情感教育为特征的教育模式体现了儒家"有教无类"的教育思想。现代教育是重视人的个性张扬发展的教育，需要教育者对所有的学生"有教无类"，即对每一个学生都有"仁"，都有"爱"，让学生在情感融合的氛围中感悟与成长，让爱谱成理解、宽容的乐谱。

(二)终身学习

儒家将学习视为终生事业，讲求"学而不厌"。在知识经济时代，知识与技术的创新将成为社会发展的主要动力。随着社会的不断发展，知识与技术日新月异，我们需要不断接受新知识与新技术，以跟上时代发展的步伐。"现代管理学之父"彼得·德鲁克认为在知识社会中，人们必须学会如何学习。

(三)以学为乐

儒家典籍中到处充斥着"乐"字。以《论语》为例可以说明这个问题。在知识经济时代，学习将成为每个人终生要做的事情。当一个人把学习与自身的生命合一之后，学习就不再是一种异己性的活动，而是转变为自身的内在要求。这也就是我们常说的由"要我学"转变为"我要学"。联合国教科文组织认为教育不仅是人之生存的谋生手段，还是引导人"乐生"的一种方式。

(四)和谐

在传统与现代教育思想的一致性上，社会主义核心价值观强调的和谐就基于我国传统文化蕴含的浓厚的"和谐"思想。在人与自然和谐方面，我国古代的教育家始终关注人与社会、自然的协调发展，并以看待"人"的眼光审视、关怀自然万物，倡导个人意识与集体意识和谐发展的人际观。人是大自然运行的一分子，人应当顺应宇宙发展变化的规律和秩序。这与社会主义核心价值观一脉相承。

2

首都现代化学校的发展愿景

建设符合公平、效能、赋权和生态标准的现代化优质学校，是新时代学校现代化的基本要求。其中，公平属于价值理性，效能属于工具理性；赋权是一种制度理性，生态是一种文化理性。我们最终要聚焦和落实到立德树人、培育能够担当民族复兴大任的时代新人这一根本目标上来。

一、首都教育：向高水平教育现代化迈进

经过多年的发展改革，首都教育现代化建设已站在新的历史起点上。自改革开放以来，特别是党的十八大以来，首都教育改革持续深入推进，

人民的教育获得感和满意度不断增强，首都教育现代化建设取得了巨大的进步。在教育普及水平、人口受教育水平、师资队伍发展水平、教育经费投入水平等教育发展的主要指标方面，首都教育长期处于全国领先地位。同时，从相关国际数据的比较来看，首都教育在一些可量化、可监测、国际通用的主要指标方面，如教育普及水平、人力资源开发水平、教育经费保障水平、教师规模及质量水平等方面跟跑的项目在减少，并跑、领跑的项目在增多。

2019 年 9 月印发的《首都教育现代化 2035》明确提出，推进首都教育现代化的总体目标是到 2020 年全面实现"十三五"发展目标，总体实现教育现代化。到 2035 年实现高水平教育现代化，建成理念先进、体系完备、质量优良、环境优越、保障有力的首都教育，构建充满活力、丰富多彩的终身学习环境，满足新时代首都人民对更加公平、更高质量教育的需要，使北京成为全球主要留学中心和世界杰出青年向往的留学目的地，为初步建成国际一流的和谐宜居之都提供重要支撑。与国内、国际相比较，高质量的师资队伍已经成为首都教育资源的显著特征；各级各类教师队伍的整体学历水平全国领先，达到发达国家的入门水平。首都教师队伍的专业化程度也保持较高水平。总之，经过新中国成立后 70 多年的不懈努力和发展，首都各级各类教育师资队伍建设已经取得了巨大的历史成就，成为支撑首都教育现代化建设的重要基础。

在此基础上，再经过多年的努力，到 21 世纪中叶，首都教育将达到发达国家前列水平，为建设具有世界影响力的教育先进城市，建成富强、民主、文明、和谐、美丽的社会主义现代化强国首都发挥更加重要的作用。

从总体教育现代化向高水平教育现代化迈进，是新时代首都教育现代化建设面临的重大战略目标任务。总体教育现代化意味着首都教育发展达到世界发达国家的主要指标水平。这是一个巨大的成就，但从历史发展的宏观视野审视，它仍然是全面实现教育现代化阶段的入门水平。首都教育现代化建设要完成自己的历史使命，实现教育与经济社会协调发展，实现教育规模、结构、质量、效益的内在统一，即实现高水平教育现代化发展目标，仍然需要用多年的时间对现有的发展成绩加以巩固完善、充实提升。

从总体教育现代化向高水平教育现代化迈进有着丰富的内涵，其要求就是实现首都教育发展的合规律性和合目的性的统一。一方面，要努力实现首都教育发展的合规律性，即遵循教育规律、回归育人本原，聚焦课堂教学质量，发展素质教育，努力构建德智体美劳全面培养的教育体系，形成更高水平、更高层次的人才培养体系。另一方面，要努力实现首都教育发展的合目的性，即立足首都进入"减量发展""创新发展"阶段的特征，合理配置教育资源，优化教育布局，大力改善教育发展环境，持续提升首都教育服务经济社会发展的能力，努力办好人民满意的教育。

二、中西教育价值观的沿革

教育活动是一种价值创造的活动，同时又是一种价值选择的活动。人们的教育行为选择总是受一定时期教育价值观的支配。所谓教育价值观是人们对教育的价值关系的认识和评价，以及在此基础上所确定的行为取向标准。它直接影响和控制教育实践活动。

教育价值观既是时代要求的产物，又是对时代要求所做的应答。我国古代的教育价值观丰富多彩，包括儒家的"以教治国"思想、墨家的功利主义教育价值观、道家的无意志自由理论以及法家的"以法为教、以吏为师"的实用主义教育思想等。但总体上看，随着汉武帝时儒家独尊地位的确立，儒家的教育价值观取得了统治地位；教育成为统治阶级的御用工具，而不是促进个体发展的手段。儒家的教育强调为维护封建统治服务，培养忠臣、孝子、顺民，偏重社会政治功能，基本是"以教治国""学而优则仕"，通过教育达到治理国家的目的。我国古代的教育注重伦理道德的教化价值，其功能表现为维持社会政治的稳定，但难以推动生产力的发展。

在近代，帝国主义用大炮打开了我国的大门，战争失败的惨痛现实迫使我国先进的知识分子和开明士大夫开始从国家救亡图存的角度来思考教育问题。他们主张通过对西方技艺文化的学习和引进，以改革人才的教育和选拔制度，并从肯定功利意识为人之自然本性入手，努力建构其"经世致用"的教育价值观。洋务派提出了"中学为体，西学为用"的教育价值观念，主张向西方资本主义国家学习先进科技，以便更好地维护封建专制统治。

辛亥革命后，民族资本主义经济得到了较大发展，教育领域呈现出繁荣景象，各种教育理论如马克思主义教育理论、实用主义教育理论、生活教育理论、活教育理论等在我国蓬勃发展，推动了教育价值观的进一步发展。

新中国成立后，我国的教育价值观经历了一个曲折发展的过程。新中国成立初期强调教育为生产建设服务。20 世纪 50 年代后期，教育为政治服务的功能被不恰当地夸大。党的十一届三中全会以后，国家的工作重心转到经济建设上，确立了教育要为社会主义现代化建设服务的指导思想。这样教育满足社会经济发展的价值观就充分体现出来。到了 20 世纪 90 年代，我国开始大力倡导素质教育。教育的价值不仅体现在促进个体的全面发展上，还要体现在促进群体素质的提高上。现在我们倡导创新教育，是教育价值观的又一次进步。

在西方的古希腊时期，无论是斯巴达还是雅典都把教育当作巩固统治阶级的政权和压迫被统治者的工具，教育的政治价值尤为突出。在中世纪，教会的僧侣获得了知识教育的垄断地位，因而教育本身也渗透了神学的性质。具体表现在把教育的宗教价值无限抬高，认为教育的功能在于拯救灵魂，教育的首要任务是培养僧侣及为教会服务的人才。文艺复兴时期人文主义价值观的确立给当时欧洲各国的教育带来了质的变化。具体表现在个人本位的教育价值观第一次占据了主导地位，认为教育的价值在于使人的天赋能力得到和谐发展。

工业革命以后的教育价值观呈现出多样化的态势，形成了新的教育价值观异军突起、不同的教育价值观分道扬镳的局面。其基本线索有两条：一是科学主义和人文主义教育价值观的对立；二是社会本位和个人本位教育价值观的双峰对峙、二元演进。

从中西教育的历史发展来看，长期以来，具有代表性的教育价值观主要有个人本位目的论和社会本位目的论两种。它们在历史上的一定时期内都产生过积极的作用，但又不可避免地表现出自身的缺憾。

教育价值观的完整体系是由教育的本体价值、教育的社会价值和教育的工具性价值三个层次构成的。这个系统的核心观念是教育不仅要关注社会的发展，还要关注人的发展；不仅要满足社会和人的现实的需要，还要满足其未来发展的需要。教育要提升人的价值，促进人和社会的整体和谐发展以及人与自然关系的协调。

三、新中国学校教育价值观的沿革

学校是社会的产物，作为社会的子系统必然会体现出时代性。新中国成立后，学校教育的价值观充分体现了当时的时代特征。其沿革大致可以分为"革命教育"阶段、"知识教育"阶段、"素质教育"阶段三个阶段。

(一)"革命教育"阶段(1949—1980年)

本阶段学校教育的价值观是政治育人。中国共产党武装建立政权后，以阶级斗争为纲的思想始终在教育过程中发挥着强大的影响力。在强烈的政治信仰的感召下，服从计划分配、服从组织安排是当时学生的统一认识。当时的教育为新中国的建设培养了许多政治坚定、基础知识扎实、劳动技能过硬的社会主义建设者。该阶段的教育突出为无产阶级政治服务。

(二)"知识教育"阶段(1981—1995 年)

本阶段学校教育的价值观是知识育人。本阶段学校教育突出经济优先，突出人才与知识，并强调献身精神与科学精神。从个体角度看，引导和帮助个体实现自立自强和提高自我发展的能力是本阶段学校教育的核心。

(三)"素质教育"阶段(1996 年至今)

本阶段学校教育的价值观是文化育人。本阶段学校教育开始由应试教育阶段转向素质教育阶段，明确提出要以提高国民素质为宗旨。该阶段的文化以不可阻挡的发展趋势，成为影响教育质量的主体力量；文化育人成为教育的重要方式。对于当前大力倡导的创新教育而言，创新是人的重要素质，创新教育是素质教育的重要组成部分，仍然属于素质教育的范畴，不应被单独列为一个阶段。

在当前学校教育现代化建设过程中，我们要以创办公平而有质量的教育为引领，坚持追求科学、民主、法治、开放、公平、可持续发展的学校教育价值观，聚焦立德树人，培育能够担当民族复兴大任的时代新人。

四、学校教育现代化的基本特质

学校是推进教育现代化的主要承载体。关于学校教育现代化的基本特质，《中国教育现代化 2035》《首都教育现代化 2035》指明了方向，具体包括教育理念、师资队伍、教育治理、课程建设、育人模式、教育技术诸多方面的现代化。

（一）教育理念的现代化

教育现代化的前提是教育理念的现代化。新时代学校教育的现代化首先是教育理念的现代化。教育理念作为一定历史时期人们对教育发展的理性认识，体现了教育的价值取向和理想追求。《中国教育现代化 2035》提出了推进教育现代化的八大基本理念，即更加注重以德为先，更加注重全面发展，更加注重面向人人，更加注重终身学习，更加注重因材施教，更加注重知行合一，更加注重融合发展，更加注重共建共享。

（二）师资队伍的现代化

师资队伍是教育的主体，是学校教育的主导。教育现代化的发展水平在很大程度上取决于师资队伍的现代化水平，所以只有建设一支师德高尚、专业过硬的师资队伍才能加快新时代中国特色社会主义教育现代化建设。我们要将师德师风作为评价教师素质的第一标准，坚持师德建设长效化、制度化；要以统筹配置和跨区域调整解决教师的结构性、阶段性、区域性短缺问题；要完善教师资格体系和准入制度；要健全教师职称、岗位和考核评价制度；要夯实教师专业发展体系，推动教师终身学习和专业自主发展。

要落实《中国教育现代化 2035》实现教师队伍现代化的要求，必须实现教师队伍的专业化、标准化、均衡化、信息化、国际化。专业化是现代化的品质，是提高现代化质量的重要保障。教师队伍的专业化主要指教师要具备教书育人、立德树人的专业理念、专业知识和专业能力，包括教育教学思想理念、方式方法和师德素养等。标准化是现代化的前提，是衡量现代化实现程度的基本标志。教师队伍的标准化主要指要按照教师配备标准补充教师，新入职教师要具备合格学历和教师资格证，教师培养培训质量要达到规定要求等。均衡化是现代化的内核，是衡量现代化水平的重要标尺。教师队伍的均衡化主要指区域间、城乡间、学校间的均衡配置，达到教师数量、结构和质量在区域间、城乡间、学校间的均衡。信息化是现代化的加速器，是加快推进现代化的重要动力源。教师队伍的信息化主要指教师具备应用人工智能等信息技术革新教育教学思想理念、创新教育教学方式方法、提高教育教学质量水平、促进信息化与教育教学深度融合的能力素质。国际化是现代化的表征，是实现现代化的重要体现。教师队伍的国际化主要指教师特别是高校教师具备一定的国际视野，具备有效运用国外先进教育教学思想理念、方式方法开展教育教学和科学研究的能力。

(三)教育治理的现代化

教育治理的现代化包括教育治理体系和治理能力的现代化。具体来说，提高教育法治化水平，构建完备的教育法律法规体系；健全学校办学法律支持体系，健全教育法律实施和监管机制；提升政府管理服务水平，提升政府综合运用法律、标准、信息服务等现代治理手段的能力和水平；

健全教育督导体制机制，提高教育督导的权威性和实效性；提高学校的自主管理能力，完善学校治理结构，继续加强高等学校章程建设；利用完善社会参与教育决策机制、建立社会参与学校管理机制来推动社会参与教育治理常态化。

(四)课程建设的现代化

学校教育的现代化需要科学、合理且富有特色的课程体系做支撑。课程是促进学生全面而有个性发展的精神食粮，既要关注共性，又要观照个性；既要有普及性内容，又要有深度学习的领域。"五育"并举关键在于保障课程的完整性，对劳动教育、美育、体育等短板要有意识地强化与补齐。

(五)育人模式的现代化

学校教育现代化对育人模式提出了更高的要求。以德为先、全面发展、终身学习、因材施教、知行合一等不仅提示了"教什么"，而且彰显着"如何教"。现代化的基础教育不仅要为学生的终身学习与发展奠定知识、技能和能力等方面的"硬"基础，还要特别关注学生的兴趣、志向、品德、习惯、意志和个性等方面的"软"基础。

(六)教育技术的现代化

学校教育需要教育技术的现代化。教育技术的进步给学校教育带来了巨大的改变，对教学方法和教育理念都产生了深远的影响。信息化学习环境为学生提供了方便快捷的获取知识的工具，极大地丰富了学生的知识来源。教育技术的应用突破了教学手段在教学模式和时空上的限制，突破了传统文字教材内容单一、更新滞后等缺点，以多种媒体形式生动形象地呈现了教学内容，提供了丰富的交互工具，构建了一个生机勃勃的教育系统，在推动教育现代化的进程中起到了关键性作用。

3

现代化的学校教育实践原则与探索

当下我们身处教育现代化、学校现代化、人的现代化发展的重要交汇点，时处传承中华优秀传统文化、培养学生的文化自觉和文化自信、在世界处于百年未有之大变局中实现中华民族伟大复兴的历史时间点，地处正在走向高水平教育现代化的首都的现代化住宅区。

一、现代化的学校教育实践原则

在推进教育现代化的进程中，学校是实实在在承载着育人重任的关键单位。在现代化的学校教育实践中，我们要坚持发展性原则、科学性原则、普惠性原则和均衡性原则。

(一)发展性原则

学校教育实践要坚持发展性原则。具体来说，注重终身学习，注重因材施教，注重知行合一；建立教育发展监测评价机制和督导问责机制，全方位协同推进教育现代化。

(二)科学性原则

学校教育实践要坚持科学性原则。具体来说，要进行科学设计规划、科学决策，进行科学的定位，实现内涵、特色、差异化发展；科学开发和实施课程；创新人才培养方式，推行启发式、探究式、参与式、合作式等教学方式以及走班制、选课制等教学组织模式，培养学生的创新精神与实践能力；科学构建各学科教育质量评估监测机制和督导机制，建立科学公正的考试评价制度。

(三)普惠性原则

学校教育实践要坚持普惠性原则。具体来说，在平等的基础上实施有差别的教育，推进课程的多样化，增加个性化的教育供给，探索发现与培养具有特殊才能和潜质学生的机制，以满足不同学生的不同发展要求，努力使不同性格禀赋、不同兴趣特长、不同素质潜力的学生都能接受符合自己成长需要的教育，推动学生全面而有个性地发展，最大限度地实现普惠教育。

(四)均衡性原则

学校教育实践要坚持均衡性原则，要努力满足人民日益增长的美好生活需要，实现地域、城乡、行业的优质、均衡发展。具体来说，要立足核心素养，全面提升学生的综合素质，推动学生德智体美劳的全面、均衡发展。

二、"聚·宽教育"的内涵解读

作为基础教育的管理者，我们应当在传承与创新中创办一所培养具备健全人格、自主学力的现代学子的优质学校，以回应"立德树人，培养德智体美劳全面发展的社会主义建设者和接班人"的本质要求。

为此，我们立足教育现代化传承中华优秀传统文化精神和学校发展历史，提出了"聚·宽教育"思想。

(一)"聚·宽教育"对传统文化的传承

"聚·宽"出自孔子所编著的《文言传》中的"君子学以聚之，问以辩之，宽以居之，仁以行之"。这就是说君子必须具备"学、问、宽、仁"四方面的德行，即通过不断学习积累知识、通过质疑询问明辨是非、通过锻炼宽广的胸怀以适配不同环境、用仁爱之心来行事。"聚·宽教育"思想萌发于对孔子所倡导的从"学、问、宽、仁"四个层面发展人的德行与修养的认同。该思想既着重"乐学求真"对人的自主学力的培养，又强调"成德以行"

对人的完善人格的养成。

"学、问、宽、仁"不仅是作为学生培养目标的四方面的德行，也蕴含了我国传统文化所倡导的教育智慧。"学以聚之，问以辩之"渗透了探究学习和持续学习的理念，是终身学习、以学为乐的体现。"宽以居之，仁以行之"强调教师应当以宽广的胸怀，怀着仁爱之心，营造和谐的人际关系和教育氛围，实行有教无类。

(二)"聚·宽教育"的现代实践依据

国外优质中学的实践为"聚·宽教育"实施提供了参照和借鉴。我们选取了三所国外优质中学作为对标，分别是伊顿公学、世界联合学院、美国高科技高中。

伊顿公学、世界联合学院、美国高科技高中因应不同时代的使命建立并发展成不断与时俱进的优质中学的经验，对"聚·宽教育"理念的形成与实践起到了很重要的作用。

伊顿公学是由英格兰国王亨利六世于1440年创办的，被公认是英国较好的中学之一。它倡导培养学生独立思考、学习、研究的习惯；为所有学生设计提供广泛的教育，使学生发掘其自身强项与才华；使学生懂得尊重个体差异，尊重学生对学校及社区所做的贡献；培养学生自信、热情、坚定、宽容和正直的精神。

伊顿公学所倡导的对学生气质、性情、习惯的培养更让我们认识到学校不仅要传道授业解惑，也要为学生的人生奠基。在我们的一生中，气质和习惯比知识本身更重要。只有具有了这些气质和习惯，我们才会畅通无阻地获得知识。

世界联合学院创建于 1962 年，那是在第二次世界大战之后各个国家强调多元化的时代。它旨在将第二次世界大战后冲突地区的年轻人聚集起来，通过注重分享、合作与理解的教育，培养推动和平的使者。世界联合学院的教育理念和宗旨与当今社会息息相关，甚至更显重要——我们比以往更加需要懂得理解并致力改变世界的未来领袖。世界联合学院激励学生发挥最大的潜能；通过引导学生关注社区及国际事务、服务他人和社会，帮助学生更好地见世界、见众人而后见自己。当学生学会了分享、合作和理解后，则更有机会和能力成为改变世界的未来领袖。

美国高科技高中成立于 2000 年，总部位于美国加利福尼亚州的圣地亚哥市。它要求教师努力确保每个学生都受到关注。教师要学会倾听，鼓励学生发展自己的特长和兴趣；鼓励学生完成自主选择的项目任务以及参与一年一度的校园展示节活动。教师坚信教育目标不是传授固定的知识，而是培养学生的思维方式。教师要打破学科边界，联结现实世界，为学生提供真实的挑战任务。这些任务并不追求一个固定答案，而是完全开放的，要求学生通过主动探索获得结论。学生在项目式学习中，在解决实际问题的驱动下，主动进行知识的学习和探究。美国高科技高中的现代化教学实践为我们的跨学科项目式学习提供了借鉴。

回看国内的现代教育实践，2018 年全国教育工作大会指出，坚持中国特色社会主义教育发展道路，以凝聚人心、完善人格、开发人力、培育人才、造福人民为工作目标，培养德智体美劳全面发展的社会主义建设者和接班人。这为新时代现代化教育的人才培养进一步指明了方向。

（三）"聚·宽教育"的提出

教育最终要解决的问题是培养什么样的人。面向当今教育现代化，美国21世纪学习联盟提出了21世纪核心素养模型——审辨思维、创新素养、沟通素养、合作素养。这意味着人才的培养不再是简单的知识灌输，而是要重视发展学生的思维和学力，让学生在面对日新月异的现代化发展时能够迅速适应，甚至有能力推动社会的进化。该模型进入我国后，研究人员新增了文化理解与传承素养，即文化理解与传承素养、审辨思维、创新素养、沟通素养、合作素养。该模型强调文化理解与传承素养是核心，价值取向对所有行为都具有导向作用。新增的文化理解与传承素养意味着当今世界教育改革越发强调文化传承的重要性。

在这样的背景下，我们希望培养的人不仅能适应现代化发展，也能传承中华优秀传统文化。"聚·宽教育"理念（见图3-1）应运而生，强调学力的发展与思维的提升。我们要培养的恰恰是传承"学、问、宽、仁"并具备自主学力和健全人格的现代人，以实现人的全面发展为终极目标。

人的现代化需要在现代化学校中实现。我们进而提出十八中作为现代学校的愿景：根系国家民族运命，魂系世界人类福祉，立足人，为了人，发展人，创造现代文明生活；聚民族文化血脉，宽人自由之灵魂生活。

（四）"聚·宽教育"的办学思想

"聚·宽教育"的办学思想是传承儒家传统文化并因应新时代教育现代化发展对人才培养的需要而形成的（见图3-2）。我们理解的"聚·宽教育"

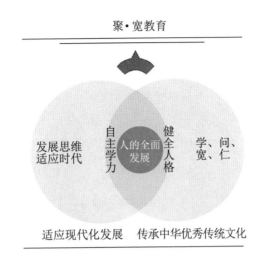

图 3-1　"聚·宽教育"理念

着重基础教育阶段学生自主学力与健全人格的养成。它强调凝聚人心，积聚力量，建设丰富的资源平台、宽广的锻炼舞台、贯通的学习台阶，为每个学生打下健康身体的底子、健全人格的底子、宽厚文化的底子、强大精神的底子。它还强调在支持性的成长氛围中唤醒学生成长的自主性与自发性，激励学生不断学习积累，不断拓宽视野、开阔心胸，完善学生的人格，为学生的幸福人生奠基。学生走向社会时如果具备了以宽仁为底色的判断能力与不断追求学问的发展加速度，便具备了在新时代成为为建设社会、服务社会做出持续积极贡献的人才的底子。

　　实现"聚·宽教育"的育人目标，凝聚人心是基础。"聚·宽教育"强调校长的首要任务就是为国家培养传承"学、问、宽、仁"四方面的德行，适应新时代发展，具有自主学力和健全人格的现代人；凝聚人心，让更多的办学相关成员同心合力，形成更广泛与强大的育人合力。其中尤为重要的

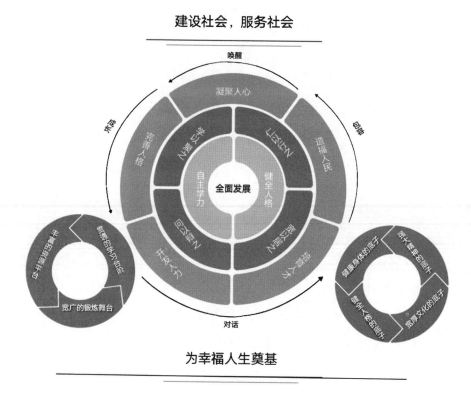

图 3-2 "聚·宽教育"的办学思想

是校长在办学中要时刻坚守"聚学"与"居宽"的理念。

"聚学"即不断地去学习积累，将各种美好的事情聚集到一起，与时俱进，以更丰厚的积累服务社会。

"聚学"的理念强调办学者要不断思考自己的办学：我是不是有足够的智慧去发现那些美好的人与事，去开发人力，人尽其用；是不是能够以持续的积极行动去聚集各方面的力量，形成协同育人的向心力；是不是能够以开放的态度去吸收多元的智慧与思想。只有这样，学校才能不断聚集智慧和优质资源，更好地服务学生与教师的成长。

"居宽"即胸怀宽广，将自身思考的出发点放到更大的集体和社会之中去容纳大义、大利。只有有了大义、大利，将每个人的诉求容纳其中，才能真正可持续地凝聚人心。人与人之间、人与物之间要恰到好处地相和、适宜地相和，才能得到真正的利。这里的利是利他、利众、利民、利社会，是事物相关者间寻求的共利。

"居宽"的理念强调办学者要不断思考自己的办学：我是不是能够不断超越个人立场的局限性，去代表最广泛成员（管理团队、教师、学生、家长、社区和社会相关者）的根本利益，唤醒他们的自发性；是不是能够有足够宽广的胸怀，去兼容学校生态的丰富性，包容成员的个性，尊重个体的差异性；是不是能够"见善则迁，有过则改"，通过积极的对话促进组织成员动态的生态化的适配组织，带来组织整体的最优表现。只有这样才能让学校中的师生舒心治学、人尽其才。

从集群治理的角度来看，"聚学"和"居宽"是要凝聚学校、家庭、社区各方面的力量，形成育人合力，更好地服务成员校的规模化的优质、均衡发展，同时支持成员校的个性化发展。

三、"聚·宽教育"的实践原则

要想一以贯之地落地"聚·宽教育"理念，我们需要坚持"聚·宽教育"的实践原则。只有将这些实践原则落实到办学的全过程中，"聚·宽教育"才有可能落到实处。基于理论的学习与多年的教育管理实践，我们总结了

"聚·宽教育"的四个实践原则，并对它们的相互关联进行了分析。

（一）唤醒

"天行健，君子以自强不息"是影响华夏的千古名句。西方哲学家苏格拉底认为，教育不是灌输，而是点燃心灵的火焰。康德认为，自由的最初形态是自发性，并且在关于知识的可能性探讨中起着十分重要的作用。东西方哲学都强调自发性对于人的发展的重要性。

自发性包含两个构成要素，即能力和独立决策的愿望。因此自发性不仅取决于主观意识，也取决于对自身能力的判断。当前的教育改革还存在以"五唯"（唯分数、唯升学、唯文凭、唯论文、唯帽子）为代表的对客观理性过度强调的现象。这会导致师生的自我感缺失。面对个人发展问题，师生可能会感到有心无力；受制于环境条件，师生可能会感到能力不足——自发性被严重抑制。

如果自发性无法被唤醒，那么持续不断的努力就是无源之水。所以，在办学中为师生赋能、唤醒师生发展的自发性是发展的前提。

（二）对话

要想实现"聚学"，不断地汇聚各种服务学生发展的有利条件，那就需要因时而行、顺时而动，不断地有效联结相关的人与事。这个动态的联结器无疑就是对话。

对话的目的就是通过高效的传递与反馈机制，让个体的思想与情感在组织内部充分流通，以实现个体思想的一致与情感的通畅。对话实现的联结有如下三个层次。第一层次是心灵联结，即通过对话实现情感通畅，让师生感受到自己是学校的主人——学校的工作是在发展和维护师生的根本利益，师生拥有参与共同体管理的自主权。第二层次是信息联结，即通过对话实现更深入、更动态的理解，让个体更加了解彼此的情感与思想需求。第三层次是资源与能力联结，即在对话中更加深入地认识个体的秉性特长、能力潜力，更好地把握个体所拥有的教育资源，从而更好地集合力量、互通有无，实现更精准的人尽其才和物尽其用。

(三)包容

个体差异的广泛存在让"居宽"展现出其重要性。费孝通先生在《人的研究在中国》中用"各美其美，美人之美，美美与共，天下大同"阐述了如何处理不同文化的关系。个体差异是先天存在的，不以任何人的意志为转移。既然要打造尊重自我感的组织，就要欣赏和尊重这种知识上、经验上、行为上、心理上乃至思想上的差异。只有深刻地理解差异之美、理解个体差异的充分发展对于组织有着怎样的价值，才能超越"个体自我"与"关系中的我"的矛盾对立，进而达到"共美"，即尊异求同、和而不同、和合相生。从这个角度来看，包容是对组织中个体差异的价值的欣赏与尊重，是组织持续稳定发展的保障。

例如，教师对于将自己辛苦整理的教案、自己独创的经验无条件地分享出来有所保留，这体现了个体性；但组织又需要我们去联结、去共享，让组织里差异化个体的贡献能够利及每个人，这体现了团体性。组织更强调包容，那么能不能设计一个机制让教师愿意分享自己创造的成果？教师贡献了资源，能否给予他们相应的尊重、认同、荣誉与酬劳？我们要尊重专利权，尊重教师创造的成果，尊重教师的自我感。我们不是要命令教师分享，而是要通过相应的机制让教师感觉到分享是更加有义、有利的。为此，我们不断鼓励并支持教师将其优秀的教学实践成果化，在校刊及学术期刊上发表；为教师提供更大的活动展示平台；在评优评先中考量教师的资源贡献。这样既保证了教师实践成果的个体"利"，也成就了组织的"利"，进一步形成了教师持续创造的动力，推动着教师的专业发展。

(四)成长

教育家杜威提出教育即成长的观点。从哲学的角度来看，人有不断自我发展与超越内在的本质要求。鲁洁先生认为，人性的本质既在现存的实然中，又在超越现存的应然中，存在于上述两重性的否定性的统一之中。人也正是在实然与应然的张力推动下不断向前发展的。这正是人类历史发展的人性论根据。人不仅必然地、现实地存在于他所赖以生存的各种自然、社会条件之中，还作为一个应然的、潜在的存在追求着自我发展与自我超越，努力实现着理想的"我"、更高境界的"我"、更高意义上的"我"。所以，人是一种没有发展止境的存在。

在"聚·宽教育"实践过程中，我们始终以成长为首要目标，以成长为衡量办学效果的标准。"聚·宽教育"下的成长指的是学生自主学力的提升和健全人格的形成，其最终目标是人的全面发展。我们以多样的、适切的课程和高效的共同体课堂服务学生的成长，以精准研修推动教师的成长。我们希望教师和学生都能够走在全面发展的道路上，实现教师的成长、学生的成长和学校的发展的相互促进。

(五)"聚·宽教育"实践原则的相互关联

唤醒是对话和包容的前提。没有对自发性的激发，主动积极的对话和包容就缺少了动力。成长是对话和包容的目标，是对话和包容的最终方向。

包容是积极对话的保障。没有对个体差异的尊重与接纳，对话就难以实现思想的一致与情感的通畅，也难以发挥联结个体的积极作用。对话既促进了个体对彼此动机与差异的理解，又反过来促使个体更好地包容彼此。

对话和包容能帮助我们更好地理解不同个体成长的需要，促进个体成长的发生。更高层次的成长将带领我们进行更顺畅的对话，以更宽广的胸怀去包容，进而让我们更加明白唤醒自发性的价值。

唤醒、对话、包容、成长四个实践原则背后的共性之处都是基于以人为本的思想，强调的是对人心向善、美美与共的成长动机的信任，强调的是对人自强不息、积极进取的发展过程的支持。

四、丰厚历史奠定"聚·宽教育"的办学基础

十八中的发展历史可以追溯到 1933 年。那一年大兴县自强小学建立，后经过多次改名，1952 年被北京市人民政府文教局命名为十八中。

1978 年，十八中成为区重点中学，1990 年迁至方庄地区。方庄这个

现代化住宅区曾经吸引了国外多个国家的领导人前来参观考察，成为北京市国际交流的窗口。2005 年，十八中成为市级示范性高中。后来，有多所学校融入十八中教育集团。2023 年，十八中教育集团已发展成首都较大的教育集团之一。

方庄教育集群建立后，十八中成为集群的龙头校。最初，集群成员校涵盖方庄地区 27 家单位。目前集群已经发展成由 46 家单位组成的区域教育共同体，成为全国较大的教育集群之一。

十八中教育集团已形成伴随首都成长，因应时代而变，兼容并包、共融共美的学校文化传承。这样的学校文化传承也正与"唤醒、对话、包容、成长"的"聚·宽教育"实践原则很好地相生相融，交汇于集团的办学实践之中。

五、构建推动学生学力发展的课程体系

(一)利用优质的课程为学生创造完整的教育生活

一般认为，课程是指学校为实现培养目标而选择的教育内容及其进程的总和，包括学校所组织的全部有目的、有计划的教育活动。课程的宽度与深度决定了学生教育生活的完整度。杜威强调教育即生活，教育即成长。"聚·宽教育"理念下的课程改革强调发展学力，夯实基础，发扬个性，拓宽通识；优质的课程要在促进学生全面发展的同时，鼓励学生的个性化成长与自我成长。

1. 兴趣在情境中被唤醒

即使在教育资源丰富的北京，小学科学课的实验资源也存在一定的不

足。十八中教育集团创新了"三走制"课程实施模式，即群内走校、校内走班、班内走位，可以让优质课程资源动态地优化配置。小学科学课采用走校制。当小学生走进十八中教育集团中学部的实验室时，由中学物理、化学、生物学、地理、综合实践五个学科的教师为他们献上特别的科学课。当小学生在中学综合实验室真实体验此前没有见过的显微镜时，真实的操作激发了他们对科学的学习兴趣。针对六年级学生，十八中教育集团以项目制的方式开设科学课程，融入物理、化学、生物学等学科的前导内容，为学生中学学段的学习奠定了基础，推动了中小学阶段的科学衔接教育。

2. 自我成长被持续支持

在科技教育方面，十八中的机器人课程覆盖小学、初中和高中。例如，机器人社团指导教师郑剑春的一个学生从小学就开始学习机器人课程，一直对利用科技改造居家生活的兴趣浓厚。那时候这个学生完成了一件智能搭建的作品——当躺在床上时，房间里的灯就自动熄灭了。到了中学，在郑老师的鼓励下，她继续思考科技对于家居生活的改造，用中学课程所学到的新技能，以手机编程开发了一款智能开门的产品——在手机上控制门的电机，实现了开关门。没有了容易被撬的普通门锁，家居的安全性提高了。由此可见，在小初高一体化课程的培养下，学生对于某一方面问题的主动思考能得到持续的鼓励与支持。

3. 个性发展与宽厚底子兼得

有些学生对智育与体育都很感兴趣，在发展中经常有鱼与熊掌不可兼得之感。十八中作为方庄教育集群的龙头校，与专业足球俱乐部合作，实现了集群内幼儿园、小学、初中、高中的对口直升。孩子从幼儿园开始接触足球，有足球兴趣和特长的升入小学时继续由专业足球俱乐部训练，小升初时会以足球特长生的身份被招收。他们会在十八中和俱乐部的共同培养下完成中学六年的学习。集群将学生的足球特长水平纳入综合素质评价，写实记录、形成档案，供上一级学校招生参考。多年来，文化学习和足球训练并行不悖，学生在高中毕业时依然拥有进入职业俱乐部或者以足球特长进入大学两条成才通道。学生的兴趣发展与学业提高不再是选择题，而是实现了各美其美。

（二）"聚·宽教育"课程体系的构建思路

在十八中课程体系建设的过程中，我们根据新课程改革的要求，依据社会主义核心价值观及中国学生发展核心素养，在"聚·宽教育"理念的引领下，聚焦学生核心素养，对自主学力和健全人格进行了分解。在课程层面上，自主学力体现为基础性学力、发展性学力和创造性学力；健全人格体现为在促进学生身心健康的基础上，培养学生的"学、问、宽、仁"的德行。我们进而提出了"健康的体、温暖的心、智慧的脑、勇敢的行"的培养目标。

1. 健康的体

身体健康是心理健康的基础。保持身体健康是为了让学生能够更充分地投入学习。更重要的是，健康的生活方式、健康的身体是保持积极健康心态的基础。

2. 温暖的心

温暖的心涉及以下两方面。一方面是向内的温暖。学生能够照顾好自己的心，对自己抱有善意，在面对学习压力、生活压力、未来工作压力时总是能给自己一个温暖的拥抱，以积极乐观的心态面对人生。另一方面是向外的温暖。学生在照顾好自己的基础上，对身边的人、事、物抱着一颗包容和仁爱的心，多去倾听、多去理解、多去照顾。

3. 智慧的脑

我们要让学生能够通过自主学习掌握知识，能够通过探究学习研究问题、提出解决问题的方法。在科技创新高度发达的当下，学生不仅能适应变化，而且能在将来凭借自主学力走在科技前沿。

4. 勇敢的行

学生终会走出校园，走向社会。我们要培养的人是能够进行社会主义建设的人，能够凭借才能居于合适的位置并服务社会的人。为此，我们鼓励学生能够勇敢地迈出自己的脚步，去体验、去感受，去了解社会是什么样的、需要什么样的人，自己又是什么样的。图 3-3 为"聚·宽教育"课程的行动路径。

基于"健康的体、温暖的心、智慧的脑、勇敢的行"的培养目标，我们秉持着"聚·宽教育"的实践原则进行课程建设。

首先，我们在课程设置和教学时注重挖掘学生的兴趣，并多以现实生活中的案例激发学生解决问题的动力，唤醒学生学习的自发性。

其次，我们多方沟通，联结集群内各所学校，联结家长，联结社会，为学生汇聚了丰富的课程资源。

再次，我们始终在思考我们的课程是否能够包容学生多样化的个性，是否能够让每个学生都能发挥自己的特长。

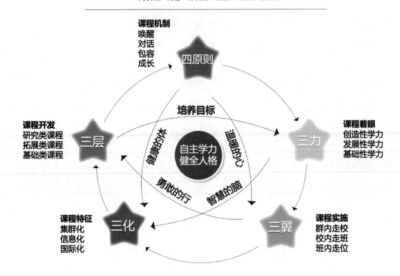

"聚·宽教育" 课程

聚焦学生健全人格与自主学力的养成，以体、心、脑、行一体化培养为目标，
着眼三力发展、三翼课程实施、三层课程开发，以三化为特征，以四原则
为机制，构建一体化的"五星"培养行动路径

图 3-3 "聚·宽教育"课程的行动路径

最后，我们不以成绩为课程设置或评价的标准，更注重激发学生终身学习的动机，提升学生的自主学力；促进学生的个性成长和全面发展，培养学生的健全人格。

为此，我们立足学生基础教育不同阶段的身心发展规律，采取横向贯通、纵向衔接、纵横融通的立体推进方式，将国家、地方、集群和校本四级课程全面整合。我们设置了基础类课程、拓展类课程、研究类课程三个层次的课程，以学习共同体为体，以群内走校、校内走班、班内走位为翼，一体三翼相互配合，推动学生基础性学力、发展性学力、创造性学力的发展。图 3-4 为"聚·宽教育"课程体系。

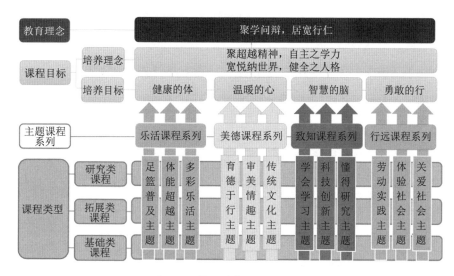

图 3-4　"聚·宽教育"课程体系

(三)"聚·宽教育"特色课程的设置

　　"聚·宽教育"特色课程坚持以学生为本,以"健康的体、温暖的心、智慧的脑、勇敢的行"为培养目标,对应着乐活、美德、致知、行远四个主题课程系列,内容涵盖人文、科技、劳动、体育、艺术与创新等相关领域。每一门校本课程的设计都有其内质的差异性,都力图精彩地展现一种学生需要的教育生活可能,做到学生在课程中唤醒自我、修养心智、激发学力。

　　1. 乐活课程系列

　　健康的体魄是学生不断发展的基础保障。学生应该像奔驰的马儿般强健和充满活力，任意驰骋、追逐真我。乐活课程即以此为出发点。发自内心的快乐也是唤醒学生成长动力的基础。我们聚集集团、集群资源，让学生能够自在地彰显个性。

乐活课程旨在培养学生"健康的体"，融入足篮普及、体能超越、多彩乐活三大主题，体现"健康第一"的理念。

（1）足篮普及主题

学生在紧密的团队合作中方懂关爱之情，在竞争中尊重对手方显心胸宽广。篮球、足球这样的团队对抗运动无疑提供了"居宽行仁"的最佳锻炼环境。在国家规定的课时基础上，我们增加了体育锻炼和运动技能的训练时间，保证学生每天一节体育课。特别是我们每周固定开设了一节篮球课和一节足球课，做到了全员普及。学生在持续的篮球和足球训练中不仅锻炼了身体、提高了身体素质，而且在团队中增强了沟通交流的能力，提升了团队协作意识。方庄教育集群已经形成了足球特色体育课程，实现了幼、小、初、高的一体化培养。

（2）体能超越主题

"自强不息"的中华文明传承激励学生不断超越自我。我们通过"课程＋社团"的模式为每个学生提供展示自我创造的机会，让学生在自己热爱的"赛道"上自我超越。在各种比赛过程中，学生因一次次的自我超越而树立了自信心。在面对生活的其他挑战时，他们将敢于直面困难、积极应对。

（3）多彩乐活主题

运动应该是自主的，自主的运动才是快乐的。因应学生不同的运动兴趣，我们开设了多门体育校本课程。涵盖的体育项目除了团队型的篮球、足球，有侧重技巧的射箭、击剑、乒乓球、羽毛球等，有磨练意志的定向越野田径，也有益智型的桥牌、围棋等。多样的体育项目赋予学生更多的选择，让每个学生都能找到自己喜欢的且适合自己的运动方式。体育馆每天早上7点准时对学生开放。不管是课间还是午休，学生只要想运动就能去运动。体育馆真正属于那些热爱体育、想要运动的学生。对于学生来说，运动不仅是强身健体的手段，也是他们乐活的方式。

2. 美德课程系列

美德的培养不是单纯给学生订立规则和规矩，而是通过触及内心情感，让学生感受到温暖并践行温暖，用爱去包容，用对话促进理解。美德课程旨在培养学生"温暖的心"，融入育德于行、审美情趣、传统文化三大主题。

（1）育德于行主题

孔子认为君子的行为是以完成品德修养为目的的，具体体现在每天的行为举止上。美德的养成尤其要育德于行。这就需要德育课程以课堂为主阵地，但绝不能局限于课堂。我们根据不同阶段学生的特征，将育德主题与学生学习生活实践的重要事件和实际问题相结合，挖掘家庭、学校、社会的教育资源进行课程规划，形成了六种课程，即七年级的感恩教育课程、八年级的礼仪教育课程、九年级的环境教育课程、高一年级的国防教育课程、高二年级的法治教育课程、高三年级的职业体验课程。育德于行主题从细小处着力，贯穿日常生活，让学生在行中悟、在悟时学，润物无声。

（2）审美情趣主题

我们开设了丰富多彩的艺术课程。音乐课程覆盖小、初、高全部年级，校本艺术课程真正做到了让艺术属于每个人。在课堂上，我们将艺术与生活联系起来。"新音乐教育"课程围绕日常主题，让学生在音乐中感受生活，激发学生的情感共鸣。学生体会着艺术表现出来的酸甜苦辣，用艺术表达自己的所思所感。艺术逐渐成为他们的朋友，陪伴他们走过生命中每个喜悦或忧愁的时刻。

（3）传统文化主题

集群注重对学生开展中华优秀传统文化教育。中华优秀传统文化的学习不仅可以增进学生对历史和文化的了解，也可以提升学生的民族自豪感。集群基于卢沟桥传说、永定河传说、怪村太平鼓等多项非物质文化遗产，开发了具有地方特色的"探索丰台"系列课程、"中华优秀传统文化"等小初学段的衔接课程。

3. 致知课程系列

信息时代的学生欠缺的不是学习资源，而是学习动力和学习方法。我们在设计课程时注重联系生活实际问题，激发学生学习的自发性，引导学生自主创新解决问题的方法。

致知课程旨在培养学生"智慧的脑"，融入学会学习、科技创新、懂得研究三大主题。

（1）学会学习主题

决定学生成就的不是学历，而是学力。我们注重对学生学力的培养，教学生学会学习。我们引进了"自我主导学习能力"项目，旨在培养学生正确的学习动机，提升学生的自我控制、自我主导、自我学习的能力，培育学生主动学习的良好习惯。例如，在主题阅读课上，我们通过故事的对比引导学生养成制订计划的习惯，基于时间管理的优化掌握有效阅读的方法，提升学习效率。

（2）科技创新主题

科技创新是国家和民族发展的不竭动力。我们通过小初高一体化的航模课程、机器人课程等培养学生的创新思维。在航模课上，教师有意给学生设置解决问题的障碍。例如，在没有钉子、别针时，如何对纸质结构进行固定？学生想到了不少方法，有巧妙的折叠等。有限的条件促使学生发展了创造性解决问题的能力。在高中机器人课上，我们结合 Python 语言和人工智能，根据互联网的移动化特点，鼓励学有所长的学生基于移动应用进行编程开发，更好地将课堂实践与社会发展的真实问题结合起来。例如，人工智能社团的四名学生在学校人工智能教研组教师郑剑春、王亚楠的指导下，合作研发出了基于人工智能的图像识别系统和体温监控系统。

（3）懂得研究主题

"智慧的脑"的培养着重在丰富学生学识的基础上，提高学生发现问题、思考问题、研究问题的能力。我们引进高水平教师，将国家课程中的科学实验进行拓展和开发。例如，在传统物理实验课上，学生一般根据实验程序按部就班地去操作和验证。当我们将传感技术、智能编程等引入课堂后，学生不再是程序的执行者，而是实验的设计者、探究者、创造者。在测量两点间的距离时，学生可以不再简单地选择皮尺，而是可以问自己：还有其他测量方式吗？我能使用超声波传感器吗？积木化零件搭建是不是也能达到测量目的？在思考和反复试错中，学生逐渐学会了用多种方式解决问题，发散性思维得到了锻炼。

4. 行远课程系列

行远课程旨在培养学生"勇敢的行",融入劳动实践、体验社会、关爱社会三大主题。我们通过整合、聚集社会资源,助力学生更好地理解劳动、践行劳动,为将来服务社会发展奠定基础。

(1)劳动实践主题

在系统的文化知识学习之外,如何有目的、有计划地组织学生的各类劳动,让学生真正动手实践、接受锻炼、磨练意志,是劳动实践主题的着眼点。

我们每年都会带领学生走进北京农机试验站,参与学农课程学习。除了理论学习,学生也要动手实践。在那里,学生第一次体验用镰刀割麦子、推石磨磨豆浆、舂捣打浆造纸……虽然辛苦,但谈起劳动体会时,他们说:"在平整土地、挑选菜苗、种下油菜、整理菜畦的过程中,真切体会到汗滴禾下土的艰辛。但看到一株株油菜排列而成的整齐的队伍时,整个下午的辛苦和劳累被一扫而空。"在实践中,学生收获了不一样的成功与快乐,他们知道了珍惜,懂得了感恩,也明白了劳动的意义。

(2)体验社会主题

青少年时期是学生职业理想孕育的关键期。我们注重围绕丰富职业体验、走出校园来开设职业体验与社会实践的活动课程。我们整合社会资源,带领学生走进企事业单位实地考察和实习。这些活动有小学部、七年级的"走进北京市第二中级人民法院""走进方庄消防中队"和八年级的"走进三元企业",以及高一年级的"走进千方科技公司"、高二年级的"走进航天五院"。除此之外,我们还与北京市丰台区职业教育中心学校联合开设财会、汽车维修等职业体验课程。学生在课堂上直观地感受到了职业的特点，增进了对各个行业社会价值的理解，为探索自身的职业兴趣、思考和规划未来职业奠定了基础。

（3）关爱社会主题

行远课程不仅要让学生懂得为生活而行、为职业而行，还要让学生为他人而行、为社会而行。现代社会的重要标志之一是个体对他人、对社会的关爱和奉献。我们基于综合实践活动课程中的社区服务与社会实践，以微光益志愿者协会为载体，开设志愿者活动课程。我们还联合方庄社区、中华志愿者协会等支持微光益志愿者参加志愿服务，通过公益活动参与社区治理。在每年的重阳节和雷锋纪念日，志愿者走进敬老院，从方庄走到海淀、走到大兴。通过社团活动经验的积累，我们为志愿活动设计了实践课程手册，进一步规范和促进了志愿者活动的开展。微光益志愿者协会的活动成果《"聚·宽"引领伴成长，积善成德满园春——北京市第十八中学微光益志愿者协会在行动》荣获北京市中学生社会实践挑战赛二等奖。

六、打造倾听与具有挑战性的高效课堂

课堂是教育教学的主阵地。如果我们想要培养"学、问、宽、仁"的现代人，那么就必须将成长、对话和包容融入课堂教学。

在传统课堂上，教师站在讲台上滔滔不绝，学生在下面排排坐，教师讲完了，课堂学习就结束了。

这种课堂是第一次工业革命时代的产物，不能满足"聚·宽教育"实

践原则的要求。现在以人工智能为标志的第四次工业革命要求深度学习，要求学生加强理解和创新。我们作为教师，必须进行课堂变革，打破传统的以"统一授课""静坐独学""竞争应试"为主要特征的压缩式被动学习，实行以自主、合作、探究为特点的深度学习，促进学生学力的提升。

《礼记·学记》："独学而无友，则孤陋而寡闻。"如果学习中缺乏学友之间的交流切磋，就必然会导致知识狭隘、见识短浅。学友是人们了解世界、认识世界的桥梁，与学友的对话能帮助我们更好地理解自己、丰富自己。学友是学生执着求索的支撑，学友共同努力、相互促进、彼此激励是学生不断保持高度学习热情的动力。

我们从2017年开始了学习共同体的改革。几年以来，学生在课堂上相互倾听、积极对话、相互包容，在彼此的智慧碰撞中激发了自发性，主动成长的驱力与日俱增。已经毕业的高三学生李尚鸣说："在实行'学习共同体'之前，学习仿佛是一个人的长征……当我们有一些独特的想法或思路时，课桌和课桌间短短的间隙却成为思想交流上的'鸿沟'。'学习共同体'使我们从一个人的战斗变为集体智慧的大碰撞……在这样的沟通、交流中，同学们可以接收到不同的信息，发现理解问题的不同思维。这会促使我们进一步反思自己，重新组织思路，获得一种全新的认知和体验。"

(一)组建自组织的学习小组，唤醒团队的自发性

我们多次邀请了佐藤学教授亲临学校，指导了9个学科3种课型的变

革。我们打破了传统课堂的教室环境，从小学一年级到高三年级，无一例外。桌椅不再是插秧式的摆放，而是改成了 4 人一组的学习小组形式的摆放。这些学习小组就是学生的学习共同体。

我们的学习共同体是学生自发组织的。如果简单地用外力去建立学习共同体，学生在学习共同体中能真诚互动、自由交流吗？仅仅是将学习能力欠佳的学生组配上三个优秀学生就能让学习发生吗？也不会。我们的学习共同体是自组织。这样所有的学生是否都能找到自己的组织，都能被接纳？也不是。在学习小组中表现不积极、不懂得沟通合作的学生可能会因压力而自我反思，在动态中去调整。如果学生实在无法自己找到组织，教师会帮忙协调。但这种协调是平等的牵线搭桥、对接沟通，而不是命令。这是因为只有自主自愿，才能真正唤醒团队的自发性。

(二)聚焦学的支持，联结教师、学生、资源

在学习共同体的课堂上，当我们改变了排排坐的桌椅摆放方式时，教师走下了讲台，走到了学生中间。课堂观察重点从教师变为学生。教师带着更为敏锐的目光观察课堂，走进学生的场域，关注每一个学生，使每一个学生都不掉队。

1. 联结师生

在传统课堂上，教师习惯单向、强势灌输。有些学生往往出于惧怕或担心出错而不敢表达。在学习共同体的课堂上，教师关注学习、倾听学生，并且鼓励学生说出自己的想法。教师给予最大的自由，让沟通在每个学生身上真正发生。教师与学生之间实现真正对话。我们会从眼神和姿态

中感受到师生间的情感互动，感受到课堂的融洽，感受到大家的心联结在了一起。

2. 联结生生

在学习共同体的课堂上，组内组间互教互学。在充分自主学习的基础上，小组成员互问、互教、互查、互议、互评，充分合作、彼此关照。在这个过程中，学习力比较强的学生主动帮助学习力比较弱的学生，以达到共同提高的目的。小组成员也可以串组进行小组间交流，与其他小组进行知识的、信息的、思维的交换和传递。如果一个小组已经完成了学习任务，本小组学生可以分散到其他小组，帮助其他小组的同学进行学习和研讨，从而推动整个班级共同进步。

3. 联结资源

在信息化的支持下，师生与资源的联结变得更加高效和精准。基于学生诊断技术与信息技术，服务学生的自我建构，课堂需要进一步变革。课堂逐渐走向基于大数据的个性化学习，基于学情定制化的学习资源开发与教师支持逐渐成为常态。

(三)在倾听中相互挑战、决定共商

学习共同体不仅是在解决课堂问题，还是在推动学校教育社会化的进程。社会不是讲求一味倾听，而是讲求彼此间合作。我们要鼓励和支持学生在和自己、他人、客观世界的对话过程中体现出社会性。每一个学生都终将走向未来，都要学会合作学习。

合作学习中重要的是创造相互倾听的关系。学习共同体中的相互倾听

是建立在每个平等个体的基础上的，旨在形成一种自然、轻松、愉快的课堂氛围。小组成员相互倾听，谁都不否定对方的意见，相互理解和包容。

在这种包容中，学生会感受到一种强大的安全感，进而敢于积极参与，大胆发表自己的看法。倾听他人的声音是学习的起跳板，包容不同的声音是学习的助推剂。学生在与别人交流的过程中，在倾听别人的想法中，在包容差异性的过程中，不断加深自己的理解，不断深入思考，不断提高自己的认识，挑战其不能达到的水准。

在完成学习任务时，小组成员要共同承担责任、共同做出决定。共同做出决定就意味着小组成员要针对一些问题进行一番激烈的探讨。例如，选择什么合作探究的题目，可能出现怎样的探究结果，在探究过程中要做什么，什么时候做，使用哪些工具，以及每个人负责什么工作和担任什么角色等。因为小组每个人都要至少负责一项任务，所以在做出决定时，只有每个人的声音都被听见，整个小组才能获得更好的学习成果。

(四)让出精彩，发展思维

在我们的课堂上，教师把沟通机会还给学生，把思考时间还给学生，把体验过程还给学生，把认知反思还给学生。怎么还？还回去学生就会自主、合作、探究了吗？不是，还要进行共同体建设。

教师在课堂上进行了角色的转变：从演员变为导演，为学生创设了自主、合作、探究的氛围。教育的目的在于唤醒而非塑造。知识绝非他人所能传授的，而是在思考和实践的过程中被逐渐领悟的。教师变灌输式教学为探究式教学：教师不是不讲，教师的讲授是为了辅助学生的合作探究。

我们可以观察到，讲授不再是进行知识的单向灌输，而是转变为探究式的讲。在学习共同体的课堂上，教师让出空间、让出讲台、让出角色、让出精彩。

七、教师发展：唤醒生命，培养"明慧·博雅"教师

扬善的教师善于发现学生的人性光辉、非凡的创新潜力，能读懂学生、尊重学生，顺应他们的天性，培养他们的人文情怀，用明慧之爱、博雅之育唤醒他们的仁爱之心。"明慧·博雅"教师是一支拥有崇高教育信仰、高超教育水平的队伍。他们不仅拥有端庄典雅的气质，而且具备严谨的治学态度和宽阔博大的胸襟。

（一）"明慧·博雅"教师培养与教师专业发展

在培养"明慧·博雅"教师的过程中，我们遵循唤醒、对话、包容、成长的实践原则，组建师师共同体、师生共同体。

"明慧·博雅"教师培养的核心之一是扬善的自我人性、自发的专业成长，以唤醒自发性为基础，实现成长的目标。自发性是思维的本质存在，是比自主性水平更高的发展状态。教师专业发展应成为一种自发性行为，能打通教师专业成长的内在、外在需求，唤醒他们沉睡的教育意识、需要和潜能，满足他们较高层次的自我实现的需要，成为他们生命中的一种自由状态。

"明慧·博雅"教师培养的核心之二是积极对话的组织氛围创设。20世

纪 80 年代的美国教师教育改革运动让人们逐渐意识到，教师专业知识尤其是关乎教学的实践性知识，在个人的封闭探索中是无法构建出来的，也无法通过被动培训而获得。只有落实到主动学习，才能真正实现教师专业发展。这也让人们认识到，教师的学习不能仅从个体、微观的视角去看待，更应该关注教师学习发生的社会性、默会性和实践性。共同体为教师的自我建构提供了更多的交流互鉴机会，形成了积极沟通的模式：让教师通过交流更明晰自己的专业发展目标；通过比较更明晰自己专业发展现状的不足，调动目标与现状之间的创造性张力，唤醒专业发展的自发性；增进与同事的交往，促进基于共商、共建、共享的专业知识的积累与改善，更容易在共同体中获得情感支持，摆脱封闭带来的职业孤独感。

"明慧·博雅"教师培养的核心之三是平等互促的师生关系构建，师生相互包容、相互尊重、共同成长。师生之间的关系有师生的关系、长幼的关系、同学的关系、平等朋友的关系、知心人的关系、榜样的关系等，关系互动模式具有多元化的特征。在"聚·宽教育"理念下，我们想要构建的是师生共同成长的共同体。师生共同体应是平等互促的生命体，不局限于"传道授业"，应建立在两个发展中的自由个体之上。教师应意识到自己和学生之间必然存在差异性。只有教师理解、包容和尊重彼此间的差异性，才能更好地拉近与学生的距离。教师是学生发展的引导者，他们的所思所想、一言一行都会对学生产生影响。包容学生的教师所培养的也将是具有包容品质的学生。身边学生的发展过程也能促进教师更好地反思自己的教育教学，在观察中体悟教育的本质，在真实的成长中理解自身工作对学生生命成长的价值。学生发展的成果成为促进教师专业发展的动力。所以师生是真正的相互影响、互促互鉴的发展共同体。

(二)解放行动空间,鼓励自发的专业成长

随着方庄教育集群的建立,特别是随着方庄地区教育自组织的发育,方庄地区的教育结构发生了实质性的变革,区域教育功能相应地发生了历史性的变化。方庄教育集群在统筹已有市、区、校三级教师培训的基础上,持续推进以学习者为中心观念的贯彻落实,大力推进教师的自主研修及自组织发生、发育,激发教师的自发性。我们突出个人反思、强化同侪互助、倡导跨学段和跨学科研修,展开以课例研究、改进课堂行为为核心的研修,推进研修成果的常态化应用,从而实现教师自发的专业成长。

我们以多种多样的自主研修项目推动集群教师自组织的发育,如营地教育、实践性教师专业发展项目等。他组织的培训与自组织的研修共同促进了集群教师的专业成长,取得了显著的成效。教师的自发性发展从根本上提升了教师的教育教学水平。在市、区的满意度调查中,学生和家长对教师的满意度越来越高。这为学校的发展打下了良好的基础。

(三)创设博雅信息空间,促进校本研修中的对话

我们努力使培训精品化、研修精细化,不断探索培训、研修新方式、新方法,建构"聚·宽教育"校本研修模式。我们2016年开始了以学生发展为中心的八个维度的教育教学诊断。其中,教学和教师维度的教育教学诊断已经积累了多年的大数据;借助人工智能大数据,精准化地进行了校本研修的设计。我们不局限于备课组、教研组,而是打破学科、学段、学

校的界限，组建多种形式的学习共同体，开展反思性教研建设，通过促进共同体成员间的多层次对话，引领教师的专业发展。

在 2017 年的校本研修中，我们以教育教学诊断为依据，设置了研修论坛。教师根据自己的需求自主选择论坛、网上报名，进行自助式研修，真正成为校本研修的主体。研修论坛调动了研修的积极性、主动性和创造性，提高了研修的内在动力，实现了研修内容与研修需求的灵活对接、协调互动，使历时一个学年的研修过程亮点纷呈、精彩不断。

"聚·宽教育"研修论坛分为 10 个分论坛，每个论坛都有自己的主题。每个主题跨越各个学科，来源于教育教学诊断中通过大数据收集的共性问题。我们因应教师的需求确定了校本研修的主题和论坛主题，进行了论坛招募。教师自愿选择参与感兴趣的论坛。怎么开展论坛活动？论坛中谁引领、怎么引领？我们将论坛引领者定位为主席，将引领者引领的人定位为嘉宾。我们以特级教师为论坛主席，并且将诊断中呈现出的一批具有优势的教师聚集、调动起来，让他们担任嘉宾。当教师感受到自己获得认可并被学校委以重任时，就能够更加主动地参与研修论坛的组织。

在研修过程中，我们还邀请教育期刊的编辑协助和指导教师撰写文章。在研修论坛现场，编辑还会进入会场，与教师共同参与讨论、共同丰富论文中的案例。这样教师既承担了论坛任务，也收获了专业成长。通过对教师成长关键性因素的把握，我们调动了教师的内生动力，让教师和教师、教师和专家相互对话，帮助教师跨越了认知障碍。随着教育教学日渐成熟，教师慢慢地有了获得感，为研修的持续开展创造了持久的动力，带动群体自发前行。

（四）激活心理空间，回归教育本心

要建设"明慧·博雅"教师队伍，我们就必须用明慧之爱、博雅之育唤醒教师的仁爱之心，使教师能够持续地用自己的包容和爱去唤醒学生的仁爱之心。教师队伍建设首先要去激发每位教师心底的那份教育之心。

教师的教育情怀是一种自发存在的强烈而深沉的情感状态，是推动教师专业发展的根本动力。仪式是人们表达内心情感较为直接的方式。

目前有些学校中常规的教育仪式如开学典礼、毕业典礼等成为例行的形式，缺乏精神陶冶力量，教育的情感唤起作用逐渐被削弱。为此，我们积极采取措施，通过内涵设计丰富各类教育仪式的内容，激发教师的教育情怀。

八、尊重多样性的教育集团发展

十八中是集小学、初中、高中为一体的十二年一贯制教育集团，也是方庄教育集群的龙头校。与更多学校之间的对话和交流给十八中的发展提供了机遇，也对其办学提出了挑战：如何发挥十八中的引领作用，带动集团和集群内薄弱学校的发展？又如何在发挥示范作用的同时，保留其他学校本身的特色，实现百花齐放？经过多年的探索，唤醒、对话、包容和成长的实践原则对十八中的集团化、集团集群化起到了重要的作用。

(一)培育开放的自组织文化

集团和各校区作为一种他组织，行使着教育的组织、管理职能，保证了集团教育教学的有序进行。但是作为一个大规模集团化学校，其内部必然会存在许多自组织。这些自组织在文化融合、文化创新方面发挥着重要的作用。他组织与自组织相互促进，形成了"刚柔相济"的集团组织样态，从而保证了集团发展的效能和动能。这是集团创新的关键。

在集团文化实现机制建设过程中，我们全力培育集团的自组织文化。在"聚·宽教育"理念中，"聚"的一面强调尊重集团主体文化，以"聚·宽教育"文化引领集团文化建设，以集团代表大会"聚"教职工、学生和家长的"民意"，汇聚智慧，强化集团多元主体的治理力度。"宽"的一面强调尊重各种校园文化，意在为各种各样的自组织提供宽广的舞台，促进集团文化的广泛创新，以此拓宽集团的文化视野，为学生、教师的成长创造一个和谐的文化环境。

(二)实现集团集群化，联结资源、信息、心灵

十八中在多年的集群探索中确立了"集团带动集群发展，集群涵养集团发展"的战略，形成了集团集群化、信息化、国际化，艺术育人、科技育人、体育育人的"三化三育"发展特色。我们为学生的发展创造了一种空间更大、主体视域更广的可能性；在更大容量的"宽带"上，聚集更丰富的资源，鼓励学生的个性发展，促进学生幸福、完整与可持续发展。这是我们十年如一日的追求。

我们联结资源，创新了"三走制"课程实施模式，让集团和集群内的优质课程资源实现动态的优化配置。

我们联结信息，建立了方庄集群教育云平台。成员校共享教育教学信息，包括各级教师研修活动、学生学习活动、成果展示活动等的信息。信息的同步促进了成员校间的沟通和对话。

我们联结心灵，通过覆盖成员校的调研，了解学生、教师、家长的需求、困难和建议，让所有人的声音都被听见。我们开展校际多彩活动，让学生的风采得以展示，让家长看得到学生的努力，让教师的成果获得认可。在欢声笑语中，我们知道，大家的心联结在了一起。

(三)建构平等与融合的集团文化

集团的每个校区坐落在城市化发展不同的社区，加上不同的办学历史和学段特性，形成了各具特色的学校文化，如方庄校区的"幸福教育"、左安门校区的"进取教育"、西马金润校区的"全人教育"、实验小学的"全星教育"、嘉泰学校的"孝悌教育"。

面对多种文化因子，如果简单地以某成员校的文化为集团文化进行单向复制和输出，将是一种"摊大饼"式的发展模式，存在较大弊端。首先，它会使师生对自身文化失去信心，而且面对外来文化无所适从。这种文化发展模式可能在短时间内有一定的推动作用，但缺乏长期发展的动力。其次，它会导致成员校的办学特色不鲜明，容易出现集团文化"单一"和"同质化"的弊端，导致集团缺乏多元文化的生态性碰撞而失去办学活力。同时，单一的学校文化视野毕竟有限，难以适应大规模教育集团发展，势必形成教育集团的发展"天花板",从而制约集团的深化发展。

保护文化的多样性就是保护集团成员校的主体性。只有主体性得到尊重,人的自发性才会得到充分的激发。基于对各成员校文化传统的尊重,秉持着包容、对话的实践原则,我们开展了多种形式的民主沟通,广泛吸取各成员校文化的精华;结合教育改革的指导思想,通过多年的努力形成了集团各成员校一致认同的"聚·宽教育"办学思想与实践原则。它成为集团联系的纽带,有效地避免了价值冲突和行为紊乱,增强了集团的凝聚力。在整体的、和谐的集团教育生态环境下,集团的每个文化因子都在自适应的"生态位"上和谐发展、自由生长,呈现百花齐放的状态。

(四)打造学生成长的幸福基地

学校教育所能成就的功德是创造一个幸福而有意义的学生时代,从而让学生拥有更加幸福、有意义的人生。为学生的幸福人生奠基,倾听学生思想抽穗、情感裂变、知识拔节的声音,是教育者的幸福。

为幸福人生奠基,不仅指向学生未来的幸福,还指向学生现在的幸福。教育不应以牺牲学生的当下幸福为代价,追求所谓"未来的幸福"。人生的各个阶段都有其自身不可取代的价值,没有一个阶段仅仅是另一个阶段的准备。学生时期是人身心生长的重要时期,一生中我们有接近四分之一的时间是在学校度过的。试想如果在这么长的时间里都不幸福,那么即便将来再幸福,我们又怎么能说自己拥有幸福的人生呢?

我们的教育要面向全体学生。校长要把学校打造成学生成长的"幸福基地"。学校是学生自由成长的"野地",让学生能够像"野花"一样自由苗壮成长。在这里，学生拥有自由的空间、民主的空间、理解的空间、信任的空间；在这里，学生可以尽情展示自己，在个性释放中享受快乐和幸福；在这里，学生可以自由地感受和探索世界的无穷奥妙，拓宽视野、提高能力。

"野地"中的园丁给予学生的不是低层次的呵护，也不是令人心烦的"说教""灌输"，更不是粗暴的"强迫""命令"，而是真挚、信赖、勇敢和坚强。学生在"野地"里经历风雨雷电，磨练出自立自强、坚忍顽强的品质，像野花般美丽茁壮、争奇斗艳、幸福成长。

为了践行这样的理念，我们带着学生走出校园平整的"土地"，走向方庄社区这一大片"野地"，让学生在真实的社会中、在更大的空间中茁壮成长。

九、现代信息技术助力学校变革

在当今的信息化社会，学校管理层与教师队伍信息素养的水平深刻地影响着学校的教育改革。十八中的发展模式基于"宽"地域，突破了学生发展的生活空间，但空间的扩展也为成员伙伴的"聚"带来了挑战。当今信息化显著的特点就是打破传统的时空界限。信息技术的深度应用使我们能时时、处处、人人得以聚集、共享优质资源，沟通碰撞思想。

自 2010 年起，十八中走上了一条在集群背景下探索利用互联网技术提高区域教育信息化治理水平的道路。十八中的信息化建设随之走上了一条由 1.0 时代到 2.0 时代不断实践的发展的道路。观念的转变在其中起到了核心的作用。

(一)教育治理，善假于物

《国家中长期教育改革与发展规划纲要（2010—2020 年）》明确提出："信息技术对教育发展具有革命性影响，必须予以高度重视。"信息技术这个"物"对于教育的价值毋庸置疑，并随着互联网、大数据、虚拟现实、人工智能等的快速发展，其作用越发凸显。但是一种新技术的推广、一种变革的开展必然将面临阻力。为了更好地推进信息技术的运用，我们首先探讨了如何让师生更好地接受教学的信息化，从理念上去唤醒教师主动迈向信息化 2.0 时代的自发性。在教师的智慧碰撞下，我们总结了信息技术应用的优势和局限性，共同提出了"聚·宽教育"下信息技术"善假于物"的观点。

一方面，强调"聚"，借助互联网与人工智能的优势，为学生与教师提供更加及时、适切、全面的信息与资源，更好地支持个性发展。例如，过去的教育管理是补救型的，先出现问题，后解决问题，再加强管理，没有强调教育治理的现代化。教育治理的现代化就是要借助信息化手段，以数为据，提前洞察问题，缩短决策与行为反馈的周期。另一方面，强调"宽"，要以解放师生、激发师生的自主成长动力为应用的考量标准，避免泛用、滥用。工具的作用应该是把人从重复的劳动中解脱出来，而不是异化人。同样也要非常警惕信息技术作为一种工具对人的异化。例如，大数据技术让以前采集难度较大的一些数据实现实时采集，这是科技的助力。但如果采集的数据是对学生无处不在的视频监控分析、对教师行为细节更繁复的监控，大数据技术被滥用而成为限制师生自主行为的抓手，那就会与唤醒、对话、包容、成长的实践原则背道而驰。

(二)技术应用，因时而变

信息技术的显著优势就是跨越时空，提升对话和交流的效率。所以，教育技术不能仅停留在学习环境，而要嵌入学习系统。我们要让教育技术深度融合、真实服务我们的教学，促进教育质量的整体提升。这不仅是教学中的锦上添花，还能助推教学，实现教师教的减负、学生学的赋能。

在线上教学期间，为了促进学生学习中的积极沟通，实现学生输入学习与输出学习的平衡，我们借助多种网络工具创建了跨学科小课题研究小组，建构了一种活动任务牵引、线上社区交互的新型跨学科教学模式。

例如，在太空种子种植活动中，教师开展了线下集中培训，辅导学生利用网络完成科研资料的收集和分析工作。在研究开展的过程中，教师通过线上社区给学生发布活动任务。学生接到任务后根据各自的情况制订自己的研究计划。线上教学的方式打破了传统的刚性学习时空限制，为学生提供了更多的探索机会，让学生真正成为研究的主体。

小课题研究的过程是学生合作进行科学实验的过程，即如何促进种子发芽，怎样控制水量和阳光……学生通过思考提出问题、做出假设、制订计划。组员通过微信群、视频会议对小课题研究过程中的重难点进行讨论思考，与教师共同分析原因、找到问题、提出新方案。同时，在线上教学期间，学生难免在学习遇到挑战时会感到孤独。小组的微信群就成为学生相互交流的天地。

在线上教学期间，教师以一星期为一个周期，持续跟进学生的学习。这样线上教学不再只是教师讲授知识，更是学生汇报展示、交流思想的过程。

教师利用信息技术探索出了一种基于线上工具支撑的学生自主学习、合作学习、深度学习的教学模式，更好地践行了"对话"的实践原则，实现了学习共同体的线上实践。这样的教学实践的思考将促进教师创造出信息技术真实服务教学的"在线与在校""线上与线下"的教学新样态。

(三)提供教育资源，聚智共享

包容的目的在于实现"各美其美，美美与共"。我们一直致力倡导的资源共建观是汇聚集团、集群各校教师的智慧，并且在将零散知识资源数字化、平面资源立体化的基础上，对碎片化的散落的教育资源进行整理、分类，以结构化、体系化的知识图谱的形式展示教师的教学实践成果。相应地，我们的资源共享也不局限于学校、集团层面，还开展了面向不同需求的校内共享、集团共享、集群共享、跨地共享四个层面的资源共享实践，以期发挥教师优质资源更大范围的辐射效应。

我们的教育平台为北京全市开展开放性实践活动提供资源。面向集群的职业体验类课程、科技类课程、体育类课程惠及20000多人。在线上教学期间，我们强化了教育平台满足学生个性化发展需要与供给高质量教育资源的能力。例如，我们与航空工业出版社联合，通过网络直播方式给学生带去科技创意课堂。考虑到学生对纸飞机制作的浓厚兴趣、纸飞机的科技创新学习价值与在线教学的可操作性，科技创意课堂的第一个系列纸飞机主题活动得以开展。我们还利用信息技术，将学校开发与实施多年的高质量课程资源进行线上辐射，推动了优质资源在更大范围内的共享。例如，2020年暑期"心系蓝天"方庄教育集群网络直播课以创新教育为主线，由来自集群的多位科技创新教育工作者精心设计，旨在引导学习者在观察、思考、动手制作的过程中体验科技的魅力，体会创新的成就感。线上教学的形式使课程的可及性大大增强。该课程不只受到集群广大学生家长的喜爱，更吸引了全国各地喜爱科技创新的学生的目光。其中就有位于云南省临沧市凤庆县勐佑镇习谦中心学校立果小学的学生。立果小学是一所农村小学，其服务的农户中少数民族人口占将近五分之三，距离北京超过2300千米。然而遥远的地理距离并没有阻断当地师生学习科技创新课程的热情。集群云课堂每次开课时，立果小学的师生都会准时守在教室里的屏幕前，认真倾听北京教师的讲解。然后教室里就是一派热火朝天地动手制作的场景。

从教育均衡的角度来看，我们不但要服务方庄教育集群，而且要服务北京乃至京津冀地区，更要努力服务全国，尤其是中西部地区，在促进教育公平上贡献我们的力量，助力各个地区的学校都能闪耀自己的光彩。

集群在2017年凭借自身教育信息化实力成功加入全国中小学教师信息技术应用能力提升工程创新培训平台，成为平台中唯一的基础教育单位。根据教育部的统一部署，集群负责对口支援青海省玉树州中小学教师信息技术应用能力的培训工作。基于玉树州偏远牧区师资匮乏、优质课程资源紧缺、教师培训帮扶开展困难的实际情况，结合青藏高原独特的地理、气候等自然条件，我们确立了线上线下相结合、集中分散相结合、点与面相结合的援助方式。

集群给玉树州捐赠了两套智能双师互动设备及系统，分别配置于玉树州的囊谦县和称多县，使玉树州与集群优秀教师能够实现音频、视频互动教学，实现优质课程资源线上共享，打造了线上线下互联互通的高效智慧教学模式。在集群玉树教师信息智能终端顺利开通后，我们与玉树州开展了远程面对面的学习交流活动，使课例研究智慧直通车开上了雪域高原。在授课过程中，教师实现了手机、电脑、投屏的互动，利用投屏软件将学生的学习单及时上传分享，有效利用了信息化技术手段辅助教学。此外，智能双师系统也实现了玉树州师生的共同参与。他们同步对课文进行朗读和提问互动。两地师生在直播互动的过程中实现了教学设计同版、教学思路同步、教学精彩同享、教学效率同赢。玉树州的师生感受到了首都优质学校的先进教学理念与方法，拓宽了教学视野，拓展了教学思路。玉树州的教师在鉴赏、互动、反思、比较中提升了教学水平，体验到了理念的革新、智慧的碰撞，加深了对教学问题的专业思考。

（四）成长：技术素养，因需而融

现在社会需要的是高信息素养的教师。他们能够懂得恰当运用信息技术更好地去满足人的个性化发展与高质量教育需求。所以，只注重信息技术应用能力的培养是不够的。在信息化1.0时代，信息技术主要用于支撑内容编辑与展示、行政管理等方面。在信息化2.0时代，我们围绕学校教育教学改革发展目标，制订信息化与教师研修融合发展的计划，寻找技术与教育教学的融合点。我们通过大数据积累及相关分析找到促进教师成长的基因密码，从而触发教师专业成长，助力教师研修升级，建立了适应学校发展需求的教师信息技术应用能力提升新模式。

我们成功地将人工智能引入教师研修，让智能化技术助推教师专业成长。例如，在校本研修前，我们利用人工智能对教育教学进行了全面的诊断和分析，精准地掌握了每个班级的学生对教师教育教学的具体要求、建议和期望，以及所有教师对集团校本研修的困惑和建议。按照教师的实际需求实施校本研修，教师参加研修的积极性得到了切实的提升，研修的高效性也得到了保证。

我们不仅利用信息技术挖掘教师的研修需求，而且注重教师作为教学主体的信息化教学能力培养。2019年12月，我们遴选了30名骨干教师进行了新技术与共同体课堂的融合创新，将信息技术应用能力提升工程2.0培训的30项微能力点指标进行了合理组合和有效衔接。

受训骨干教师已经具备了利用信息技术进行讲解、启发、示范、指导、评价等教学活动的能力，初步具备了在多媒体教学环境、混合学习环境和智慧学习环境中灵活组织教学的能力，以及应用信息技术指导学生转变学习方式的能力，能对微能力点与课堂实践做出良好的反馈。

根据信息化2.0的发展需求，我们将信息技术融入教师研修。同时信息技术素养的提升也必将促进教师的专业成长。

十、思考与展望

十几年来，集群的实践探索取得了显著的成效，得到了社区、家长和学生的一致好评，获得了兄弟单位和区域外教育部门的关注，得到了教育部、北京市教委等上级部门领导的肯定和指导。集群的办学质量得到明显提高，已经是中国人民大学、北京航空航天大学、北京理工大学、北京化工大学、北京信息科技大学、首都医科大学、北京工业大学、首都经济贸易大学、西北工业大学、哈尔滨工程大学、东北大学等高校的生源基地校。

从教师队伍来看，集群拥有多位博士、硕士学位的教师。通过数年来精准校本研修助力下的教师专业能力提升，集群已有多人获评特级教师和市、区级骨干教师。

作为国培示范基地，我们接待了全国多地的考察者。集群教育治理创新与学生区域性发展的实践成果获北京市教育教学成果奖一等奖、国家级教学成果奖二等奖。集群信息化应用方面的实践成果使集群获得全国数字化示范校荣誉。

办学成绩的不断取得意味着办学改革进入了深水区，从全局系统的角度深入认识发展问题就显得尤为重要。在总结过往多年发展经验的基础上，我们确定了未来学校发展需要进一步思考的三个问题。

①集群、集团建设与学校发展除了作为保障措施丰富办学要素之外，对学校发展机制深层次的影响是什么？

②信息化建设与学校发展除了作为保障措施丰富办学要素之外，对学校发展机制深层次的影响是什么？

③信息化的发展带来了信息空间的变化，集团集群化的发展带来了物理空间的变化，在新的视域下管理模式如何因应变革？哪些方面要强化"聚"？哪些方面要强化"宽"？哪些方面要先引动自发？

只有对这些本质问题有了更加深入的理解与界定，我们才能够更科学精准地开展办学实践。

社会空间、物理空间、信息空间的扩展让我们需要从生命体的视角，而不是从一般组织系统的视角去审视办学。如果将集群、集团视为生命体，那么集群和集团中的每个成员就是一个细胞。

细胞的基因是相同的——"聚·宽教育"的核心思想作为这个生命体的基因，集群和集团成员所凝聚的遗传信息应该是高度一致的。但是对于生命体的每一个最小生态单元来说，它们因所处环境的修饰不同，基因表达的功能会有所不同。它们服务生命体的完整有序发展，这些表观差异应当获得包容、尊重。生命体基于相同的基因包容着每个小单元的多样性；小单元的自发性进而提升，促进整个生命体的多态发展。

就如当需要跑步时，大脑就会发出指令，在神经系统的支配下使不同器官的细胞高效适切地完成自己的使命。我们要将集群、集团视为生命体，使学生的发展需求在一个完整的生命体视域之下得到自主、高效、精准的回应。这应是"聚·宽教育"希望实现的愿景。

路曼曼其修远兮，吾将上下而求索。改革探索，从来只有进行时，永远没有休止符。我们不会陶醉于既得，不会满足于现状，不会裹足不前。

　　"聚·宽教育"的内涵不是一成不变的，更不是封闭和僵化的。在朝向愿景奋进的过程中，"聚·宽教育"的内涵也会不断发展、不断完善。我们将坚持以唤醒、对话、包容、成长的实践原则为指导，不忘初心，与时俱进，勇于发展和创新，不断丰富"聚·宽教育"的内涵和实践！

第四章

——

共享、共治、共赢的方庄教育集群探索

◇◇◇◇◇◇◇◇◇◇◇◇◇◇◇◇◇◇◇◇◇◇◇

　　方庄教育集群的建立旨在探索解决区域教育资源结构性缺失和资源性短缺问题，解决区域教育发展不充分、不平衡的问题，让区域中的每个孩子都能享有公平而有质量的教育。

1

美美与共，推动集团的多样性治理

方庄教育集群是区域教育发展的一种新模式的探索，其建立源于自下而上教育主体意识的萌发；其发展立足区域实际；其实践有规划、设计，有教育生态理论的支持。方庄教育集群的发展模式符合现代教育治理的内在要求。所以，教育集群模式应该是一条推动区域教育治理现代化的成功之路，一条实现中国教育梦的成功之路。

一、创设"聚·宽教育"集团文化

(一)创建平等与包容的集团文化

在社会主义核心价值观的引领下，首先对集团成员校的文化进行了全面认真的分析、提炼和整合，吸取了各自的精华。其次，从《易经》《学记》中吸取营养。最后，结合新的教育改革的指导思想，在集团全体教职工的积极参与下，提炼出了"聚学问辩，居宽行仁"的校训和"聚·宽教育"的办学思想。这成为集团各校联系的纽带，增强了集团的凝聚力；也使集团拓宽了教育视野，升华了教育认识，完成了教育理念的质的飞跃，成为集团发展的新起点。

(二)创建集团治理的文化实现机制

文化是教育集团的核心竞争力，是集团化办学的生命力所在。集团化办学要建立文化实现机制，以文化实现集团治理。我们在秉承"聚·宽教育"理念的同时，坚持平等参与、平等发展和发展成果的平等分享，以开放的姿态包容集团文化的多元性，以自组织与他组织协同发展为保障，以传承、发展多样性课程为媒介，在多元文化的生态性碰撞中不断创新，探索出了一条集团化办学的文化实现机制的全新路径。

(三)建构"聚·宽教育"课程体系

在"聚·宽教育"理念的引领下，我们聚焦学生核心素养，以培养具有"健康的体、温暖的心、智慧的脑、勇敢的行"的青少年为目标，从学生的发展需求出发，依托集群、集团，将国家课程、地方课程和校本课程全面整合，形成了独具特色的具有基础性、多样性、层次性、综合性的十二年一贯制的"聚·宽教育"课程体系，将社会责任、国家认同、科学精神、审美情趣、实践创新等核心素养融入课程的目标、内容、实施和评价，推动了学生基础性学力、发展性学力、创造性学力的发展，最大限度地满足了学生全面而有个性发展的需求。

(四)探索"一体三翼"的课程实施模式

集团全面引入学习共同体理念，与"走校""走班""走位"式教学相结合，探索出了"一体三翼"的课程实施模式。即集团以学习共同体为体，以群内走校、校内走班、班内走位为翼，一体三翼相互配合，共同引领学生走向深度学习。

课堂教学实现结构性、功能性转型，课堂成为师生平等、和谐共进、积极思维、相互倾听、协同学习、合作探究、共同创造的生命场，学生真正成为课堂的主人、学习的主人。

在全面进行课堂改革的基础上，我们围绕着学习共同体实行了群内走校、校内走班、班内走位的课程实施模式，以推进学习共同体的深化，推动学生进行深度学习。

学生可以根据自己的兴趣、爱好和发展需求，有计划、有组织地在集群内选择跨校课程，在职业学校、专业学校、普通学校间走校上课。这就是群内走校。校内走班有年级层面、跨年级两种方式。班内走位即在学生进行小组合作学习时，小组成员可以串组，可以进行小组间交流，可以与其他小组进行知识的、信息的、思维的交换和传递。同时教师会根据不同的课型及教学内容进行小组的调整。

(五)助推教育集团课程开发、实施升级

集团积极进行人工智能与教育教学深度融合的探索，已经成功开发和实施了人工智能十二年一贯制衔接课程，开发了专注力训练课程，在人工智能课程开发和运用方面取得了可喜的成绩。

(六)提出唤醒自发性的集团校本研修模式

我们提出了"教师专业自主性发展"的指导思想，力图通过唤醒教师成长的自主性，使专业发展成为教师的自觉行为。针对教育教学中的问题，我们采取精准化的翻转式研修、体验式研修、课例式研修、论坛式研修等方式，使教师自主形成主题聚焦的合作研修小组。我们通过加强这种自组织性质的研修小组文化建设，推动教师专业自主性发展，实现从校本培训到校本研修的转变。

二、"十三五"期间集团化办学成绩凸显

(一)立德树人成效显著

我们牢牢把握立德树人根本任务，并将其全方位贯穿集团的教育教学。结合新时代要求，我们立足校情，牢记立德树人的使命，明确为谁培养人、培养什么样的人、怎样培养人这几个根本问题，用社会主义核心价值观引领"聚·宽教育"理念的构建和深化，用"聚·宽教育"推动社会主义核心价值观落地生根，取得了显著的成效。例如，沙瑞欣同学 2019 年荣

获首都"新时代好少年"，2020年荣获全国优秀共青团员。

（二）中、高考成绩连续攀升

集团中考成绩一直位居丰台区前列。集团高考成绩也多年连续攀升。例如，2018年有两名学生顺利入读北京大学。2019年有两名学生被北京大学录取，一名学生被清华大学录取。北京大学和清华大学的理科录取比例，集团已位居北京市前列。集团多次获得丰台区政府授予的突出贡献奖以及丰台区教委授予的高中理科优质校和高中文科优质校荣誉。

（三）集团学科竞赛捷报频传

在中国化学奥林匹克比赛中，集团有学生获得多个奖项。例如，在第32届中国化学奥林匹克比赛中，北京代表队获得7枚金牌，其中两枚被集团纳入囊中。这是北京市丰台区历年来在数学、物理、化学、生物学、信息五大学科竞赛中首次斩金；同时获得两枚说明丰台区人才培养迈上新台阶。

（四）特色育人成就显著

集团始终以发展学生的科技创新能力为培养目标，为满足学生个性特长发展的需求，在科技育人、体育育人、艺术育人方面取得了突出的成就。例如，微光益志愿者协会荣获第六届北京中学生社会实践挑战赛志愿公益类二等奖和第三届京城中小学活力社团荣誉。蜂鹰航模社团在全国青少年航空航天模型锦标赛夺得多项全国奖。阿童木机器人社团参加世界航天模型锦标赛取得优异成绩。学生的"火箭助推滑翔机"项目也在全国青少年航空航天模型锦标赛中获得冠军。桥牌社团获得北京市中小学生桥牌团体赛最佳组织奖。武术社团获得北京市中小学武术健身操比赛一等奖。

(五)教师专业水平稳步提升

教师在全国、市、区的比赛中多次获奖。例如,2017年有两位教师获得全国讲课比赛一等奖。2018年,第12届世界课例大会分论坛之一在集团举行,来自多个国家的教育专家和学者参加了本次分论坛,集团的语文、数学、英语三节展示课受到了与会专家的高度评价。2018年,集团德育成果《北京市第十八中学"聚·宽班主任培养机制"建设》在北京市中小学班主任队伍建设优秀成果评选活动中荣获一等奖。2019年,有教师荣获北京市"紫禁杯"优秀班主任特等奖,在北京市第二届"京教杯"青年教师教学基本功培训与展示活动中获得一等奖。

(六)信息化发展跃上新台阶

2015年,集团成为教育部的创新探究基地,在全国开展创新探究夏令营活动。2016年,在国际教育信息化会议上,集团代表北京市参展,展示了方庄教育集群云平台及STEAM(科学、技术、工程、艺术、数学)课程。参展成果被收入中小学教育信息化应用典型案例汇编,并向全国推广。2017年,集团举办了面向全国教师的"让教育充满AI"人工智能走进方庄教育集群峰会。同年,集团利用全国中小学教师信息技术应用能力提升工程创新培训平台对西部地区教师进行了信息技术能力培训。2018年，集团代表北京市参加了第三届全国基础教育信息化应用展示交流活动，多方位呈现了信息化融合应用等方面的经验和案例，重点演示了自主研发的编程机器人和智能产品应用。2019年4月，集团成为北京市中小学教师人工智能教育基地。同年5月，在国际人工智能与教育大会上，集团作为全国唯一中小学参展单位出席会议，展示了人工智能建设方面取得的最新成果。

(七)教育科研成绩斐然

集团坚持科研兴校，以教育科研为发展的第一生产力，坚持教育科研为师生发展服务的理念，充分发挥教育科研的先导和引领作用。

集团承担的教育部委托课题"区域教师专业化发展及人力资源共建共享行动研究"已顺利结题。集团成功申报了国家级课题"人工智能技术与课堂实验设计""中小学传统文化教育课程的构建与实践研究"，以及多项市级、区级课题和校本课题。

在不断的探索实践中，集团获得了全国网安启明星示范校、全国数字化示范校、北京市示范性普通高中、北京市依法治校示范校、北京市中小学科技教育示范学校、北京市金鹏科技团、北京市体育传统项目校、北京市课程建设先进校、北京市科研先进校、北京市艺术教育特色校、北京市信息化实验校、北京市数字校园示范校、北京市学校文化建设示范校等多个荣誉称号。

近年来，集团的教育教学水平不断提高，赢得了广大师生的好评。随着社会声誉持续提升，集团的办学品质不断提升。在丰台区教育督导室开展的满意度调查中，集团办学的满意度连续多年呈持续上升态势。

三、"集团＋集群"促进区域教育优质、均衡发展

深化教育综合改革，重点在深化，关键在综合。综合是一种改革的方法论。党的十八届五中全会提出以提高发展质量和效益为核心的指导思想和创新、协调、绿色、开放、共享的五大发展理念，为我们指明了深化教育综合改革的方向。

在实践过程中，我们采取了"集团＋集群"战略来深化教育综合改革，促进区域教育优质、均衡发展。根据"聚·宽教育"的办学思想，我们提出了"聚·宽教育"发展战略：做大集群，做强集团，由集团带动集群发展，由集群涵养集团发展；形成集团、集群相互支持、相互促进，全面推动方庄地区教育的优质、均衡发展。

(一)集团化办学与集团文化建设

集团化办学是促进教育优质、均衡发展的体制性选择，是优质教育扩张的必然要求。实现优质教育扩张的根本途径显然不是优质教育资源机械流动、简单叠加，也不是一种单向输出、表面化分享，更不是简单捆绑式发展。集团的生态化运行才能实现共享、共融、共创、共赢。所以，集团要进行生态性建设，才能最终实现教育的优质、均衡发展。

在集团化办学方面，我们重点进行了集团文化建设。

第一，集团文化建设坚持辩证统一。作为学校发展内在特质综合体现

的学校文化建设重在传承与积淀、传播与对话、创新与发展。集团化办学在统一主流文化的同时，要保护集团各成员校文化的独特性，即在办学理念、价值观一致的前提下，要保护集团各成员校文化种类和层次的多样化。我们必须把握好文化融合与个性发展之间的度的问题。过度融合容易导致集团文化同质；过于自主容易导致集团文化分裂。

在接收芳星园小学的过程中，我们较好地解决了这个问题。芳星园小学已经形成了"全星教育"的办学理念和学校文化，以每个人的身心健康、全面发展为重要旨归，具体分解为"星之德""星之智""星之体""星之美""星之动"五个方面，在实践中以"立德星""启智星""健体星""尚美星""欣动星"为呈现形式。在芳星园小学进入集团时，我们保留了它的"全星教育"的学校文化，进行了有效的改进，与集团文化进行了有效的衔接，使其成为集团文化下的二级层面的文化。这样使集团文化更多元、更有层次，更容易激发其内在生命力。同时，为了保证文化的继承性、延续性，我们完全保留了芳星园小学的原班管理人员。

第二，充分发挥集团各成员校的办学积极性，使集团各成员校校长做到不失位、不越位、不缺位、不错位。集团负责的事集团要做好，集团各成员校负责的事由集团各成员校自己去做。集团起指导、监督、评价的作用，放手让集团各成员校去做，充分发挥集团各成员校的积极性。实现集中与分权的辩证统一，既要有集团统一的项目运行机制，又要有独立的项目运行团队；既要有集团统一的标准和原则、基本要求和愿景追求，又要允许不同学校、不同项目团队有不同的思想、内容与方略。

第三，及时进行集团文化的升级。集团成立后，学校的规模扩大了，文化的因子增多了。原有的文化肯定不适合集团发展了，甚至会制约集团发展。所以，进行集团文化的升级就成了一个迫切的任务。我们对集团各成员校的文化进行了认真的梳理、总结，并在传承的基础上实现了升华。

(二)区域教育集群化发展

在区域教育集群化发展方面，我们进行了积极的探索。方庄教育集群是一个自组织，是由教育行政部门主导，由十八中牵头，通过创设一个区域教育生态系统，以多元化的特色教育满足教师、学生个性化发展需求的区域教育共同体。

仅仅用一年时间，通过支撑平台建设，集群基本实现了课程、制度等方面的共享。

集群云平台成为推进资源共享的现代化手段。比如，任何成员校只要网上预约就可享用十八中的音乐厅、篮球馆和足球场。慕课中心已经形成了多样性、层次性、综合性的优质集群课程体系。学生可以在云平台上根据自己的需求进行自主选课，最大限度地满足了学生个性化学习、发展的需求。

在课程共享方面，在成员校独具特色的校本课程的基础上，我们实行跨校、跨学段的开发，推进课程升级，开发集群课程。这些课程有新音乐教育、职业成长、人生规划体验、三合一、中华优秀传统文化、低碳生活等。现在学生可根据自己的兴趣有计划、有组织地选择跨校课程。课程共享促进集群升级，使集群从形式上的统一上升到内涵上的协调、升华，产生了质的飞跃。

在制度共享方面，我们通过特色衔接推进十二年制、十五年制乃至更长学制的教育体系建设，将原先的金字塔形结构改为圆柱式区域教育结构。这是一项非常艰巨的工程。这可能是我国基础教育改革的难点所在。解决了这个问题，我国基础教育的其他问题就会迎刃而解。

教育治理改革是教育综合改革的关键。党的十八届三中全会提出的"管办评分离"实质上是要建立现代教育治理体系，从根本上解决教育行政管理体制滞后于教育发展现实的问题。教育治理改革首先要划清边界，在边界之外依托社会治理，在边界之内建立社会参与机制，最终形成多元参与、平等协商、开放灵活、法制和契约保障的教育治理体系。

集群从建立之初就开始了现代化区域治理模式的建设，建构了开放、民主、多元主体共同参与的扁平化的治理体系，实施了资源配置的竖井式布局，提高了资源使用和配置的效率与效益。

在实践中，我们着眼于学生全面而有个性的发展，努力为每一个学生提供适合的教育，采取了"集团＋集群"战略，运用普遍联系观点和系统思维以及统筹兼顾的办法，努力深化区域教育综合改革，促进区域教育优质、均衡发展。虽然我们取得了一些成绩，但还有很长的路要走。在深化教育综合改革和促进区域教育优质、均衡发展这条道路上，我们将继续探索下去。

四、组织创新助推教育集群、集团发展

(一)方庄教育集群的特点

教育集群与教育集团和学区既有区别，又有联系，本身具有地缘性、

生态性、社区化、自主性、动力内生性的特点，有教育集团和学区所不能代替的功能，能够解决教育集团和学区办学的短板问题。

1. 地缘性

教育集群并非依托一定的行政区域，而是依托一定的地理或文化的区域建立的。组成教育集群的成员校一定是在地理位置上邻近，具有合作办学的地缘性优势。例如，北京南站集群、万丰集群、科技园区集群、首经贸集群等都属于集群。

2. 生态性

与学区不同，教育集群不是一级教育行政组织，而是一个区域生态教育共同体。也不同于教育集团，教育集群建立后，教育集群各成员校的法人地位不变、办学性质不变、人事关系不变、资源的所有权不变，各成员校有权保持自身的个性和特色，是平等的战略伙伴关系，相互尊重，共赢共生，自然生长。

3. 社区化

与社区联系密切是教育集群的一个重要特点。方庄教育集群积极主动加强与社区的互动，努力建设社区支持教育和教育辐射社区的生态文化圈，如不定期地邀请社区内的名家到学校开设讲座，举办校园开放周活动，与社区联合举办文化活动等。例如，丰台区劳动技术教育中心服务社区的想法得到了方庄办事处的支持。相关人员走遍了方庄地区的多个社区，把设备等送到社区，开展社区青少年科技、艺术活动，在方庄地区形成了理解教育、关心教育的良好氛围。

4. 自主性

教育集群本质上是一个学校基于内生需求而建立起来的自组织，其运行具有高度的自主性。教委不直接干预教育集群的内部事务，而是协助、帮助教育集群发展。对于教育集群组织的各种活动，各成员校可自主决定是否参加以及在多大程度上参加。

5. 动力内生性

教育集群的发展动力源于集群成员校的内在生长需要，而不是外力推动。正是这种动力保证了教育集群的持久发展。例如，方庄教育集群的特色衔接满足了学校发展的需要，课程满足了学生成长的需要，资源共享满足了教师发展的需要，打通出口解决了教育发展的现实需求。

通过教育集群推动区域教育发展在世界其他国家早有先例，最早出现在 20 世纪 40 年代的英国和印度。20 世纪 60 年代，柬埔寨、尼泊尔、智利、秘鲁、哥伦比亚、赞比亚、肯尼亚相继建立教育集群。20 世纪 80 年代，美国、法国、澳大利亚、新西兰、新加坡等国家也建立了教育集群，如美国的纽约州教育集群、克利夫兰市教育集群。世界其他国家的教育集群的功能主要侧重利用教育集群促进教师的专业发展，我国教育集群的功能则侧重教育的优质、均衡发展。

(二)方庄教育集群运行机制的特点

设计符合教育规律和区域实际的区域教育改革方案非常重要，但如果没有与之相适应的教育运行机制建设，即使教育工作者付出了极大的努力，也难以获得令人满意的效果。教育运行机制建设事关教育改革的成败。教育集群应该建立符合自身特点的运行机制。方庄教育集群就建立了具有层次性、有效耦合度、动态性、目标性、动力同向性、传递畅通性的运行机制。

1. 层次性

层次性是机制的一个重要特点。根据教育集群的特点，我们确立了具有生态性、内生性、自主性、密切性、地缘性的运行机制。集群的运行要坚持相互尊重、共赢共生、自然生长的生态性；坚持集群动力的内生性，不强加外部力量推动；保证各成员校参加集群活动的自主性；坚持与社区联系的密切性；坚持集群活动的地缘性，将活动基本限制在方庄地区。

集群运行机制下面又建立了集群课程发展机制、集群教师培训机制、集群体育发展机制、集群科研发展机制、集群校外教育发展机制、集群家长培训机制、集群校长发展机制、集群班主任培训机制等第二层次的运行机制。它们作为高层次的集群运行机制的支撑，能保证集群的有效运行。同时，为了保证第二层次的运行机制有效运行，我们又进行了第三层次的运行机制建设。例如，集群体育发展机制下面又建立了包括贯通学段的纵向衔接培养机制、打破校际边界的横向联合培养机制、体育活动集群联动机制、体育特长生集群内外直升机制、体育文化集群共建机制等机制。

2. 有效耦合度

有效耦合度是机制的一个重要特点，是机制形成和运行的重要标准。提高机制的耦合度，就是调整机制体系的结构，使之成为一系列结构与结构、功能与功能、作用与作用上下衔接的耦合关系，而不是形式上、制度上的衔接。根据机制的有效耦合度要求，我们通过建立贯通学段的纵向衔接培养机制、打破校际边界的横向联合培养机制，提高了集群运行机制的有效耦合度。

一是贯通学段的纵向衔接培养机制。我们建立了贯通学段的纵向衔接培养机制，形成了生态课程体系，打通了人才持续成长通道，解决了人才培养的断层问题。

二是打破校际边界的横向联合培养机制。我们充分发挥龙头校的辐射作用，积极整合资源，注重特色有机衔接，资源深度共享，优势互补，互利互惠，共生多赢，整体提升；以云平台为支撑平台，初步实现了教学硬件、软件、课程、师资等教育资源的共享，建立了打破校际边界的横向联合培养机制。

3. 动态性

机制也是一种作用联系。这种联系要在动态中才能发生。显然，机制不同于制度和方案。制度和方案是静态的，机制是动态的。在静态中机制的作用是显现不出来的，只有在动态中机制的作用才能发挥出来。所以，我们建立了具有动态性的活动集群联动机制，以行动推动成员校的发展。

集群开展了一系列丰富多彩的学生活动，如航天模型比赛、飞碟杯表演赛、桥牌锦标赛、围棋团体邀请赛、魔方公开赛等。

4. 目标性

目标性也是机制的一个重要特点，特别是社会领域的机制。在机制建设过程中，如果忽视了目标性建设，那么机制的内生动力就会不足，机制的运行效果就会受到影响。我们集群建立了具有目标性的集群发展机制。例如，集群体育特长生集群内外直升机制满足了体育特长生的生存与发展需要，获得了家长的大力支持，使集群校园体育获得了长足的发展动力。

5. 动力同向性

动力同向性是机制的一个重要特点。我们建立了各种具有动力同向性的集群发展机制。例如，集群建立了体育文化集群共建机制，有效地解决了机制的动力同向问题。

体育是一个社会问题，一个社会问题往往是需要社会各方力量参与才能解决的。只有让青少年校园体育活动融入全社会，体育运动真正融入青少年学生甚至普通大众的生活，不断增加体育人口，建立完善的体育文化，才能切实提高我国的体育水平。

集群建立后，积极整合各种力量，积极进行体育文化建设，取得了丰硕的成果。我们采取了扎根社区、形成梯队系统、以业余俱乐部为点、覆盖社区一个面的方法，使体育文化深深扎根社区，逐渐赢得了家长的信任，获得了方庄办事处的支持，得到了方庄地区企业的帮助，使方庄地区形成了一个足球社区。体育已经在方庄社区和方庄教育集群深深地扎下了文化之根，得到了社区居民和广大学生及家长的热烈响应和积极支持，走上了体教结合的生态发展之路。

6. 传递畅通性

机制的另外一个重要特点是传递畅通性。集群在建立之初就形成了扁平化的集群治理机制，有效地解决了传递畅通性问题。

集群成立伊始就没有建立科层式管理机构，而是实行简约化管理，即由集群办公室通过集群发展云平台，及时发布集群的各种信息，通过短信平台将重要信息直接发给每一所成员校、每一位成员校教师。同时，成员校和教师也可以随时反馈信息。

根据集群一期规划方案，我们建立了"一平台、一基地、二论坛、三中心"作为集群发展的支撑平台，形成了集群发展的立体支撑体系。"一平台"是方庄教育集群云平台。该平台会及时发布关于方庄教育集群的课程信息并进行资源共享建设。教师可以将自己的精品教学课件、教案、课堂录像、优秀作业设计等在资源库中进行存储、分类、展示，并赋予资源相应的开放权限。教师可以根据自己的实际需要，在资源库中查找符合自身教学特色的教育教学资源，完善、使用、上传，从而形成全新的教育教学资源生态系统，促进成员校之间资源的深度共享，更好地实践"优质资源班班通""优质资源校校通"的建设理念。"一基地"是集群教师培训基地。"二论坛"是集群校长论坛、集群班主任论坛。"三中心"是集群教师科研中心、集群家长培训中心、集群教育质量测评中心。

(三)方庄教育集群、集团的发展成果

作为一种新型的区域教育发展模式，多年来，方庄教育集群建设由浅入深、不断升级，走出了一条由低级到高级不断发展、不断走向成熟的道路。集群多年的实践探索取得了显著的成效，有效地推动了方庄地区教育的优质、均衡发展，得到了社区、家长和学生的一致好评，引起了上级和区域外教育部门的关注。《人民日报》《中国教育报》《中国教师报》《北京日报》等进行了多次报道。

首先，增加了教育的有效供给，满足了社会对教育的多样化需求。通过资源共享，集群不断集合优质资源，推进打包服务，开创了不断扩大优质资源服务面的良好局面。因此，资源共享成为丰台区推动教育优质、均

衡发展的新机制。集群拥有3所优质教育资源比较丰富的学校，即十八中、中央音乐学院附属中学和丰台区职业教育中心学校。这3所学校的优质资源通过集群平台被打包成一个个项目，提供给集群所有成员校，实现了资源共享。随着集群共享资源领域的不断扩大，集群出现了三种发展阶段并存的局面。

其次，通过特色衔接，不断深度集成优质资源，把学校优势打造成集群优势，形成了优质教育资源不断涌现的良好态势。因此，特色衔接成为集群推进教育优质、均衡发展的又一个新机制。集群充分利用资源共享机制，不断推进特色衔接，开发了横向贯通、纵向衔接、纵横融通的集群精品课程体系。横向贯通的课程有新音乐教育、京剧、纸艺等课程。纵向衔接的课程有中华优秀传统文化、足球、击剑等课程。纵横融通的课程有从中华优秀传统文化出发开设的立德树人、科技、国际理解教育等课程。

再次，提高了教育投资的效率和效益。集群成员校通过云平台申请使用场地成为新常态。通过购买服务的方式引进社会教育资源，集群开展了"足球一条龙"培养，来自北京市多所中小学的学生都在十八中的足球场接受训练。十八中附属小学的7名学生曾被国安俱乐部选中赴捷克参加国际青少年足球邀请赛。

集群开发了中华优秀传统文化、名家进校园、方庄书院讲堂、足球、乒乓球、学生职业教育体验等文化、科技、艺术、体育、职业培养方面的系列优质品牌课程，深受师生和社区居民的欢迎。

集群开设的职业体验教育课程涉及厨艺生活类、多彩生活类、电子与信息科技类、主题创作类等多个主题。此外，体育、科技、德育、生涯规划等集团课程内容极其丰富。

最后，促进了教育公平的实现。通过云平台，集群形成了具有基础性、多样性、层次性、综合性的课程体系。学生可以从云平台上根据自己的需求自主选课学习，最大限度地满足了个性学习、个性发展的需求。同时，云平台为翻转课堂的高效实施创造了非常有利的条件。录播教室、网络直播、点播技术既丰富了课堂的内容和意义，也打破了学校之间的围墙壁垒。学生可以利用各种优质数字教育资源进行学习，实现了深度共享。

2

集群教育治理创新与学生区域性发展实践探索

在中央、市级政府的领导下，通过发挥丰台区政府、方庄办事处的主导功能，方庄教育集群构建了一个目标明确、方法可行、沟通有效、流程合理、激励到位、考核有效的治理机制体系。

一、构建教育集群的逻辑起点

(一)不同隶属关系、不同类型学校间的合作

2009年，十八中与中央音乐学院附属中学合作办学、资源共享、优势互补、共同发展的想法迅速得到了丰台区教委、方庄办事处的大力支持。

它们的合作办学实践实现了五个"突破"。一是突破了传统办学体制的

限制，实现了地方学校与中央部属学校之间的合作(前者隶属于丰台区政府，后者隶属于教育部)。二是突破了普通教育与职业教育之间的藩篱，实现了"职普融通"的教育。众所周知，前者为普通中学，后者为中等专业学校。三是突破了传统的个体全面发展的思维定势，实现了优势互补、以长促长，极大地促进了教育资源的优化配置使用。四是突破了传统的育人模式，实现了普通教育与专业教育之间的合作，既促进了普通中小学技术型音乐教学向素质型音乐教学的转变，也提高了音乐专业学校的普通文化课教学水平。五是突破了传统的教学模式。这些方面的突破既促进了办学主体之间的互惠互利，也实现了校校之间学生接受优质教育的普惠普利。

(二)政府主导的区域教育改革实验

在十八中与中央音乐学院附属中学合作办学初步尝试的基础上，丰台区政府提出了拓展的工作思路，把方庄教育集群建设作为丰台区基础教育改革试验的首项任务。

《丰台区"十二五"时期教育事业发展规划》明确提出，探索教育集群发展改革，推进方庄地区集群学校建设；建立政府主导、学校协同、资源共享、特色衔接、共同发展的集群机制，统筹教育资源，促进教育集群优质、均衡发展。为此，我们实施了试验基地建设、教育资源共享、教师队伍建设、学生综合素质发展、特色发展等项目。集群运行机制实际上是丰台区政府探索从教育管理走向教育治理的一种有益尝试。在政府—集群—学校模式中，政府强调自己的主导作用，通过建立多元主体之间平等合作的集群平台，在民主与法治的轨道上发挥学校的办学自主权。这是教育领域推进政府职能转变、从社会管理迈向社会治理的深刻变革。

(三)多主体间资源共享促进共同发展

集群成立了由政府、学校、社区等方面代表组成的集群管理协调中心，推进了物质资源、课程资源、特色衔接等方面的整体协同发展。

集群通过推动资源共享等方面的系列活动，培养了主体意识，发挥了自觉的系统协调功能，推动了开放办学。主体意识包括自主性、积极性、创新性。从哲学的角度看，主体意识是对自身的主体地位、主体能力和主体价值的一种自觉意识，是人之所以具有主观能动性的重要根据。我们不断深化对主体意识的认识，不断丰富主体的内涵，持续大力强化主体能力的培养，持续大力促进主体价值的培育，促进地区主体意识的广泛觉醒，促进方庄地区教育机构以及社区的文化自觉，为集群发展奠定良好的文化基础。

(四)办学特色与地域文化优势相互促进

左安门中学有学生获得全国围棋比赛冠亚军和世界业余围棋赛冠军，也有学生成为中国围棋职业棋手。同时，左安门中学将围棋教育辐射到了方庄地区内外的多所学校。十八中足球队不仅发展壮大了自己，成为北京市小学足球冠军，而且为北京市多所学校培养了足球队员。

无论是左安门中学的围棋教育、十八中的足球教育，还是方庄第二幼儿园的数字化课程、方庄第三幼儿园的阳光课程、东铁匠营第二小学的微党课、东铁匠营第一小学的梦想课程、芳城园小学的社团制度、东铁匠营第一中学的美术教育、芳星园中学的京剧教育、丰台区职业教育中心学校的职业体验课程等，都能够形成自身的特色。其关键是充分挖掘利用了地域文化优势。方庄及其附近地区有多家全国围棋道场。例如，葛玉宏围棋道场 2012 年成为全国优秀的道场，2014 年成为欧洲围棋联盟中国训练基地。与此同时，方庄及其附近地区有中国歌剧舞剧院、北京京剧院、中国戏曲学院、中央音乐学院附属中学和北京戏曲艺术职业学院等艺术事业和产业机构。我们充分挖掘利用这些资源，把区域文化优势转化成教育特色。

二、地域、政策与技术环境分析

(一)方庄及北京的环境分析

中央明确了北京是全国政治中心、文化中心、国际交往中心、科技创新中心的城市战略定位，提出了把北京建设成国际一流的和谐宜居之都的目标。

根据中央政府规划，京津冀一体化正在推进之中。北京的城市功能定位是国家首都、国际城市、文化名城、宜居城市，重点发展第三产业。天津的城市功能定位是构建国际港口城市、北方经济中心和宜居生态城市，主要发展航空航天、石油化工、装备制造等先进制造业。河北省作为原材料重化工基地、现代化农业基地和重要的旅游休闲度假区域，是京津的"米袋子"和"菜篮子"。

在北京城市发展战略中，方庄地区具有重要地位，是改革开放之初北京修建的较大规模住宅区。丰台区政府要求方庄地区创建环境示范区，打造首都新名片，建设靓丽新方庄。随着亚运村、奥运村的建成，方庄居民北迁，同时外来人口不断增加，形成了目前方庄地区的居民结构。

方庄地区的教育机构经历了过去多年服务对象结构的变化。20 世纪 90 年代初，能够借读方庄地区中小学的外来学生不超过 5%。20 世纪末到现在，外来学生的比例超过了 40%，有的学校超过了 60%。无论是方庄地区的老居民还是新居民都是我们的服务对象，既要培养他们成为方庄居民的荣耀感，也要培养学校的方庄荣耀感。

(二)政策环境分析

《中共中央关于全面深化改革若干重大问题的决定》明确提出，紧紧围绕使市场在资源配置中起决定性作用深化经济体制改革。城乡二元结构是制约城乡发展一体化的主要障碍。必须健全体制机制，形成以工促农、以城带乡、工农互惠、城乡一体的新型工农城乡关系，让广大农民平等参与现代化进程、共同分享现代化成果。统筹城乡基础设施建设和社区建设，推进城乡基本公共服务均等化；深化教育领域综合改革；大力促进教育公平。

(三)技术环境分析

2011 年秋季，斯坦福大学第一个慕课"人工智能导论"推出后，注册学生人数超过 16 万。慕课的出现对教育管理提出了新的要求。首先，一位教师面对数以万计的学生，要学会分析平台上的大数据，再确定教学进度、检测内容和方式。其次，在大数据驱动下，慕课应不断迅速更新内容。最后，新技术使学习过程自动反馈成为现实。海量的反馈数据中存在许多联系。分析挖掘这些联系是改进教育教学的基础。随之而起的关联主义哲学成为教育哲学现代流派，强调工作经验、学习与知识之间的关联，强调人们通过交流完成学习。

微课程由戴维·彭罗斯于 2008 年提出，一经提出立刻风靡了全世界。许多大学将其视为 21 世纪教学创新的重要方面予以大力扶持，以适应现代社会的移动化学习。微课程的兴起促进了建构主义哲学在教育领域的应用。与传统的客观主义学习理论不同，建构主义学习理论强调学习者积极主动的建构过程。真正的理解只能由学习者基于自己的经验背景建构起来，取决于特定情境下的学习活动过程。因此，微课程的出现不仅是一项普通技术的应用，而且是一个建构主义教育哲学大行其道的平台。

以上两类新型课程的发展都得益于新的信息技术，尤其是云平台。云计算资源支持在线协作、文件储存、虚拟化和灵活访问。越来越多的学校将云计算作为基础性的教育技术，云计算在现代课堂教学中将变得越来越重要。

三、区域教育发展面临的问题及反思

对照教育领域综合改革的要求，方庄教育集群尽管取得了长足的进展，但是综合改革的深度、广度是不够的。其主要表现为如下四个方面的不平衡。

(一)资源共享方面发展不平衡

从资源类型上看，物质资源、课程资源等方面的开发与共享取得了长足发展，进入了初级、中级、高级发展阶段共存的良好局面。但是这两类资源的长期同质化配置与教育特色建设之间存在不协调。制度资源、人力资源、公共关系资源等方面的开发与共享有待深化。从资源开放及共享上看，资源共享存在层次差距。有些成员校没有积极向集群开放资源；有些成员校不知道如何开放和共享；有些成员校尽管对外开放资源，但是没有通过集群平台统一设计、管理；有些成员校积极主动向集群开放资源，资源也得到了充分利用，但是缺乏使用评价制度及其相配套的运行维护成本补偿机制。

(二)集群教育特色品牌建设推进不平衡

从集群教育特色品牌方面看，足球、围棋、跆拳道等形成了品牌，但是在集群层面推进上不平衡，导致梯队建设上出现了不平衡。相比之下，具有一定国际影响的京剧教育、初具特色的美术教育和击剑教育等需要从集群层面予以大力推进。从集群教育特色品牌建设方面看，集群运行机制与宏观政策之间存在不协调，如以购买服务方式引进的市场机制与普通教育运行的计划机制之间存在不协调，学生特长发展需求及学校教育特色发展与现行的学籍制度之间存在不协调。

(三)集群运行机制在实践中发展不平衡

集群的运行实际上是一场政府从教育管理到教育治理的深刻变革。面对这场深刻变革，首先是理论认识不够。我们对于集群及其运行机制的认识还停留在社会管理的思维定势之中，社会治理的观念在集群中尚未完全树立。其次是遵循社会治理思想而创立依法民主治理教育的集群制度尚待进一步探索。最后是政府主导、学校协同、资源共享、特色衔接等各个方面的理论认识和创新实践也不平衡。

(四)集群实践创新与集群理论建设发展不平衡

集群概念来自经济学，人们借用产业集群概念创立了教育集群概念。那么，教育集群与其他产业集群存在哪些异同呢？教育集群与学区制、九年一贯制、集团化办学等方面是什么关系呢？这些都是涉及教育集群发展需要解决的理论问题。在众多的教育集群中，方庄教育集群有哪些特点呢？如何建设集群教育特色呢？这些都有待于科学实验研究。方庄教育集群通过创设一个区域教育生态系统，以多元化教育满足学生的个性化发展需要。多元化教育即适应社会要求和群体发展的多元化而出现的教育内容、主体多元化的结果。随着多元化教育的深入发展，多元化教育特色开始出现。对于多元化教育，我们需要在实践和理论上进一步探索。

四、集群发展的指导思想、基本原则与目标

在继续坚持集群发展的指导思想、基本原则的前提下，我们在已有实践成绩的基础上，根据新的国内外形势，发扬方庄精神，敢为人先，大胆

创新，勇于实践，不断完善。

（一）集群发展的指导思想

《中共中央关于全面深化改革若干重大问题的决定》指出，必须更加注重改革的系统性、整体性、协同性，让一切劳动、知识、技术、管理、资本的活力竞相迸发，让一切创造社会财富的源泉充分涌流，让发展成果更多更公平惠及全体人民。

该决定同时要求，开展形式多样的基层民主协商，推进基层协商制度化，建立健全居民、村民监督机制，促进群众在城乡社区治理、基层公共事务和公益事业中依法自我管理、自我服务、自我教育、自我监督。

该决定明确要求，深化教育领域综合改革。全面贯彻党的教育方针，坚持立德树人，加强社会主义核心价值体系教育。大力促进教育公平，构建利用信息化手段扩大优质教育资源覆盖面的有效机制，逐步缩小区域、城乡、学校之间的差距。深入推进管办评分离，完善学校内部治理结构。强化国家教育督导，委托社会组织开展教育评估监测。

（二）集群发展的基本原则

1. 科学实验原则

在总结经验的基础上，我们应增强教育改革实验的科学性，加强专家指导，发扬科学精神，遵循科学方法，丰富实验内容，推进实证研究，努力探索教育集群发展理论。

2. 社会治理原则

教育改革实验是直接影响个体生命价值的事业，应遵循党的十八届三中全会提出的"实现政府治理和社会自我调节、居民自治良性互动"的精神。在积极争取中央政府、北京市政府的关怀下，丰台区政府继续加强宏观指导和制度支持；方庄办事处等充分发挥社区统筹协调作用，推进社区协商制度化，建立健全社区监督机制，促进社区居民在教育集群治理中依法自我管理、自我服务、自我教育、自我监督。

3. 以人为本原则

党的十六届三中全会提出坚持以人为本，树立全面、协调、可持续的发展观，促进经济社会和人的全面发展。教育坚持以人为本就是一切为了学生的成长、教师的发展。回归教育的本质就是要求教育以引导学习者成人为任务，以发展人性、培养人格、改善人生为目的。因此要承认人，关心人，尊重人，以人为衡量一切的尺度。

(三)集群发展的目标

1. 形成学习型社会的"方庄模式"

我们要让每位在方庄接受教育的人都出彩，让每位在方庄工作、居住的居民都成为学习型社区建设的积极分子，通过先进技术让所有方庄居民免费、无障碍、及时享有集群平台的优质学习资源。

2. 形成区域教育与区域产业的互动机制

我们要充分挖掘方庄及其附近地区的文化创意、体育产业优势，通过购买服务、合作办学、人才引进等途径发挥市场机制的作用，发挥地区产业优势，促进教育特色品牌形成，同时将教育特色反哺于产业。

3. 形成丰富的集群教育特色生态

我们要打造一个能够满足方庄地区包括学生在内的所有居民个性化学习需要的区域教育生态系统。这个区域教育生态系统具有微党课、学生美德、新音乐教育、足球、围棋、美术、科技等领域的集群教育特色品牌。

4. 形成系统的教育资源共享制度和机制

我们要充分提升集群有限资源的利用效率和使用效能，在继续推进物质资源、课程资源等共享的基础上，加速推进制度资源、人力资源、公共关系资源等的共享。

5. 形成高效、科学、民主的治理制度

在中央、市级政府的领导下，我们要发挥丰台区政府、方庄办事处的主导功能，建设一个目标明确、方法可行、沟通有效、流程合理、激励到位、考核有效的集群治理机制。

五、建设促进资源共享的智慧学习系统

(一)加快集群数字化平台建设

在现有云平台的基础上，我们应加强内容建设，进一步完善智慧学习客户端、管理系统。

我们应贯彻落实推进教育综合改革的精神，围绕学习型社区的建设，按照现代学习理论和互动式教学理念，加速建设方庄智慧学习系统。

方庄智慧学习系统是智慧方庄、智慧丰台乃至智慧北京的重要组成部

分，是以先进的云平台为核心技术基础，以学校网络和社区物联网为骨干，由智慧学校、智慧家庭、智慧居委会等实体的移动和固定用户端组成。

方庄智慧学习系统将集成方庄地区丰富的文化资源，继续加速集成集群成员校的所有资源，继续大力集成国内外先进的学习资源，以满足教师、学生、社区居民、管理者等的智慧学习需求。

本着效率与公平兼顾的原则，我们以推进办学主体之间的互惠互利，实现受教育者享有优质教育资源的普惠普利目的。

(二)制定集群共享资源目录

资源共享的目的不仅是提高资源的利用率，而且是将资源变成办学优势；既要加强现有资源的共享，又要加强共享资源的培育升级。教育资源包括社会教育资源、学校教育资源。这两类资源涉及物质资源、课程资源、制度资源、人力资源、公关资源等。因此，共享资源目录由三部分组成：集群成员共享资源目录、集群战略伙伴共享资源目录、集群折子工程。

(三)建立集群资源差异化配置制度

长期以来教育机构的设备配置存在同质化的现象。随着特色办学的兴起，教育机构更加注重特色资源的配置。为此，集群在调查研究的基础上，推进与集群教育特色建设相配套的资源差异化配置，以促进集群教育特色建设。

一是特色图书馆建设。我们在各成员校已有基础上遴选建设对象，探索建设科技、绘本、音乐、美术等专业图书馆和数字化图书馆。

二是特色科技教室建设。我们在各成员校已有基础上遴选建设对象，探索建设废物利用、创意搭建、创意音乐、微型机床、火箭、航空、机器人、科幻画、定向越野等科技教室。

三是特色体育场地建设。我们在各成员校已有基础上遴选建设对象，探索建设足球、乒乓球、围棋、击剑、跆拳道、桥牌等训练场馆。

四是特色艺术教室建设。我们在各成员校已有基础上遴选建设对象，探索建设布艺、纸艺、面塑、京剧、动漫、书法、绘画、舞蹈等教室。

(四)完善集群课程体系

我们建设了一个从筛选、成型到使用的集群课程体系。集群成员校要向集群提供集群展示课程，作为集群课程的后备对象。比较成熟的集群展示课程将进入集群教研课程阶段；基本成熟的集群教研课程进入集群选修课程阶段，面向集群所有学生开设。

一是深化纵横融通的集群课程体系。我们遵循上述集群课程建设的步骤与要求，组织力量对原有三类课程进行诊断，在诊断基础上加强建设，即把原有以新音乐教育、职业体验为代表的横向贯通课程建设成纵横融通的集群课程，也把原有以中华优秀传统文化、生态德育、自我主导学习能力训练、足球等为代表的纵向衔接课程建设成纵横融通的集群课程。

二是建立集群学分制度。在以学校为单位建立学籍制度的前提下，集群成员校根据集群课程选修档案记录自动计入学生档案；探索建立以集群学分、学校学分为基础的学生素质综合评价制度。

三是拓展集群选修课程。我们探索拓展集群选修课程，面向集群全体学生；鼓励学生根据自己的兴趣、特长、水平学习跨学校、跨年级乃至跨学段的选修课程。

四是开发集群研修课程。在深入总结科技、职业体验、中华优秀传统文化、足球、新音乐教育等集群课程发展的经验和教训的基础上，我们探索开发集群研修课程，成立集群课程教研组，建立集群教研基本制度。

五是完善集群展示课程。根据成员单位、专家等多方面的推荐，我们在调查研究的基础上确定一批集群展示课程。

(五)建立集群共享资源使用评价制度

一是集群共享资源采用网络管理。使用者首先在管理平台上预约登记。一般根据登记的顺序自动确定预约成功与使用时间；特殊情况采取人工协调，主要由资源管理责任人负责协调。

二是使用者、资源管理责任人都要填写方庄教育集群共享资源使用评价表。

三是根据评价表的反馈情况，实时公布使用者、责任人的星级评价结果。对于问题突出的，要责令整改，接受集群的监督。对于问题严重的，要责令整改，重新接受集群的验收。对于问题特别严重的，利用法定程序取消其成员资格。

(六)建立集群共享资源奖励制度和补偿机制

一是根据集群共享资源使用评价结果，每学期对使用者、资源管理责任人等进行奖励，在集群年度工作会议上对使用者、资源管理责任人等进行表彰。

二是建立集群共享资源补偿机制。我们创立"方庄币"，作为共享资源使用情况的结算依据。根据共享资源使用情况的汇总结果与集群的可支配财力，由集群理事会确定补偿的标准和额度。

(七)建立教育需求统计及调查制度

一是定期或专项对集群数字化平台自动生成的数据进行统计分析，在对共享资源使用状况进行诊断的同时，重点挖掘使用情况背后的需求及其变化趋势。

二是在使用行为统计分析结果的基础上，开展教育需求的定期或专项社区调查研究。

根据以上分析结果，我们确定集群共享资源的结构调整，完善集群共享资源使用制度，确定集群共享资源项目建设计划，使集群的教育资源与教育需求更加匹配，提高教育投资的效率。

(八)建立集群社会资源引进制度

一是根据集群的发展需要向社会发布教育资源需求公告。

二是规范社会资源引进步骤，即试用、评估、战略合作伙伴确认、公开招投标。

三是规范社会资源引进机制，依据政府购买服务政策制定集群购买服务制度。同时为了促进集群教育特色与区域文化体育产业之间长期良性互动的机制建设，我们探索充分调动、有效控制社会资源的机制，如对战略合作伙伴企业进行参股、控股和输出管理等。

(九)筹建集群基金会

为了资助方庄地区困难家庭学生完成学业，我们筹划成立了方庄教育集群基金会。

六、建设推动特色衔接的集群教育模式

(一)构建集群育人模式

回顾近百年历史，教育改革出现了四种形态：社会改革教育，教育自发改革，教育自觉改革，教育改造社会。我们方庄人自觉改革教育，以突出特色衔接的集群育人模式，弥补特色办学的学校育人模式的不足。为此，我们实施了集群教育特色项目建设计划。

(二)集群教育特色项目建设的基本原则

一是普及与提高相结合。从学生的兴趣到特长，从群体特长到学校特色，是一个递进的教育过程，既要做好普及工作，也要做好提高工作，二

者相辅相成。

二是科学实验探索。办学特色的形成、保持、推广需要开展科学实验。

三是制度规范建设。集群推动成员校的特色衔接，需要建立一套相应的制度予以规范。

(三)集群教育特色种子项目的认定

一是开展集群成员校的办学特色普查。在学校申报、同行推荐的基础上，我们委托专家开展调查，完成集群成员校办学特色的普查工作。

二是集群教育特色种子项目认定。根据普查结果，我们组织同行和专家对成员校的办学特色进行考察，确定一批集群教育特色种子项目，并公布集群教育特色种子项目名单。

三是采取定性研究与定量研究相结合的认定方法，以定量研究方法为主。我们委托专业机构或专家对集群教育特色种子项目进行专项研究，形成专题调查报告。

四是开展集群成员校的办学特色实践研讨会。通过开展研讨会，让成员校展示办学特色，我们诊断成员校的办学特色，形成集群教育特色项目建设的建议。

(四)集群教育特色的培育

一是确定集群教育特色项目，实施滚动式培养。我们 2016 年启动集群教育特色项目第一期工程；2017 年在对第一期工程进行评价的基础上，确定第二期工程。这样滚动推进，在 2020 年完成 15～20 个集群教育特色项目建设。

集群教育特色项目由重点项目、一般项目两类组成。我们每年对这些项目进行评估后重新确定类型。对于重点项目，集群理事会将组织力量协助申报区级、市级、国家级科研课题或政府项目。

集群对重点项目、一般项目给予相应支持，具体额度由集群理事会确定。

每个集群教育特色项目成立专门的建设小组，制订集群教育特色项目计划书。通过专家评审后，集群理事会批准立项。

二是大胆探索集群教育特色培育的多样化机制，如集群独立办学的培育机制、集群与社会机构合作办学的培育机制、集群或政府购买服务的培育机制等。根据不同培育机制，每个项目都要求制定明确的知识产权保护条款或协议。

根据项目计划书确定的时间，我们组织专家进行鉴定，确定集群教育特色项目所处的阶段。对于成熟的项目，集群将组织推广；对于提前成熟的项目，集群将予以特别奖励；对于基本成熟的项目，集群将组织力量抓紧完善，继续扶持 1~2 年予以推广；对于不成熟的项目，集群将根据专家意见确定是否继续培育、完善培育的方案。

被列入集群教育特色项目建设计划的项目要在集群代表大会上报告展示其进展和成果。

(五)集群教育特色的推广

我们遵循成熟一个推广一个的原则，举行集群教育特色展示会或集群办学特色研讨会，向集群内外展示成熟的集群教育特色项目。

根据上述集群教育特色项目建设计划书、展示会、研讨会等多方面确定的意愿，我们制订集群教育特色项目推广计划书。

我们在集群内推广执行普惠普利的原则，在集群外推广执行互惠互利的原则。

(六)集群教育特色项目的评价

集群监事会负责集群教育特色项目的评价；集群理事会根据评价的结果确定是否扶持或培育，以及培育的期限、力度和推广的范围。

一是全程评价，形成种子期、培育期、推广期的多阶段评价意见。

二是综合评价，组织同行、专家、学生、家长、社区代表、政府官员等对项目进行评价，形成专业评价意见、使用评价意见等。

(七)以方庄特色的教育体系践行社会主义核心价值观

我们遵照必须把社会主义核心价值体系融入国民教育全过程的精神要求，依据教育部颁布的《社会主义核心价值体系融入中小学教育指导纲要》，制订有方庄特色的集群计划，形成以特色课程为核心的课程群。

1. 完善区域生态德育课程体系

我们完善生命教育、职业体验、职业规划、方庄文化、探索丰台等系列课程，开发南水北调工程、博物馆、国际理解、民族文化等方面的系列课程。

2. 制定核心价值体系教育课程指南

遵照把社会主义核心价值体系融入各门课程，把社会主义核心价值体系融入社会实践的要求，我们组织骨干教师根据各学科教学内容、综合实践活动课、研究性学习和专题教育的特点，制定集群践行社会主义核心价值观的学科指南，经过集群理事会审定后实施。

3. 加强集群德育基地建设

我们探索建设全面践行社会主义核心价值观的教育基地，争取使集群成为国家重点研究基地的实验单位。

七、建设迈向社会治理的集群运行机制

方庄教育集群的成立是丰台区政府推进方庄地区教育从社会管理向社会治理转变的改革实验。坚持改革，继续进行集群运行机制的改革实验，探索社会治理理念指导下的教育治理制度，是方庄教育集群的重要使命。

(一)治理主体多元化

集群代表大会代表由四个方面组成：一是集群成员校的代表(包括成员校法人代表、教师代表)；二是集群服务对象的代表(学生代表、家长代表、社区知名人士和居委会的代表)；三是政府代表(丰台区委、区政府，丰台区教工委、教委，方庄办事处)；四是为集群服务的专家代表。

集群理事会是集群代表大会的执行机构。

方庄地区教育治理的主体资格的获得与丧失由《方庄教育集群章程》规

定，并经过集群代表大会予以确认。

(二)集群主体间的关系

1. 友邻平等关系

集群主体之间是友好邻居，彼此都是独立的法人，相互平等。

2. 利益共同体

集群主体之间存在共同的声誉、共同的教育需求、共同的服务对象和共同的使命。通过教育治理改革实验，促进方庄地区的新突破，推动方庄地区的新发展，提高方庄地区的城市化品质，建设一个和谐的方庄社区，是我们共同的使命。

3. 权力关系

从集群主体到集群代表大会及集群理事会，存在一定的权力关系。《方庄教育集群章程》明确了方庄地区教育治理主体之间的权力关系。

(三)集群治理机制

1. 分权机制

集群的权力由目标方案决策权、行为执行权、监督评价权组成。集群代表大会拥有和行使目标方案决策权，集群理事会拥有和行使行为执行权，集群监事会拥有和行使监督评价权。

2. 授权机制

集群代表大会是方庄地区教育民主决策的权力机构，经选举产生执行机构——集群理事会、集群监事会。在集群代表大会筹备阶段，由集群成员校法人代表会议行使权力。

集群理事会、集群监事会依照集群代表大会形成决议作为。集群理事会、集群监事会是两个相互制约的执行机构，它们的职责范围由集群代表大会制定的《方庄教育集群章程》来规定，它们的工作任务由集群代表大会批准的规划和计划来确定。

3. 平等协商机制

在集群治理教育的过程中，任何事务的处理都要先经过集体的协商。在集体协商过程中，所有成员都是平等的。无论是会长、执行会长、副会长、理事还是非理事会、监事会的成员都是平等的。

4. 依法民主机制

集群的选举和议案决策遵循少数服从多数的原则，采用大会认可的表决方式；同时积极探索科学化的表决方式，如针对不同事项采取不同的投票制度。对于集群优先发展事项(集群资源差异化配置、集群教育特色项目建设)，采用排序复选制；对于集群其他事项，采用计分投票制。

5. 政府主导机制

政府主导机制的建设既需要进行深入理论研究，也需要进行大胆创新实践。政府主导就是政府发挥创新实践社会治理理念的示范作用。在集群中，政府代表行使召集人的角色权利，主持集群代表大会及理事会的工作；政府代表实践塑造善政的角色，协调整合利益分歧，保证公共利益最大化，通过宏观调控推动公平与效率的平衡。

6. 成员协同机制

集群成员拥有一定的物质资源、课程资源、人力资源、制度资源、公关资源等。这些资源在依法拥有者层面是有序的、异质的，处于协同状态，为学校办学特色形成、相关文化体育企业发展发挥了决定性的作用。但是，从集群层面看，这些资源处于同质的、无序的混沌状态，影响或制约着集群教育特色的形成、区域文化体育产业的发展壮大。整合这些处于混沌状态的资源，使它们进入协同状态，就需要成员之间的协同。

目前，集群成员协同主要是成员校协同。成员校协同体现在集体意识、系统设计、集群行为等方面。成员校要牢牢树立集群或方庄教育的集体意识，服务或服从集群，服务方庄地区的社会经济发展，服从方庄办事处的领导。作为集群的一分子，成员校在各个方面的建设要从集群整体出发进行系统设计，充分考虑在集群整个系统中上下左右的协调一致。成员校要积极贯彻落实集群的决议和决定，要充分考虑自己的行为对于集群形象、集群其他成员校的影响，要积极与其他成员校协调一致。

(四)探索建立集群师生流动制度

一是探索建立集群学籍制度，以期鼓励个人特长发展需要与学校特色教育不匹配的学生在集群内流动，促进学生特长、集群教育特色的发展。

二是鼓励教师流动。探索多样化的流动形式，如集群层面的集体教研活动在成员校之间定期流动开展，成员校之间的同课异构活动定期开展，集群内特级教师、骨干教师的巡回公开课等定期开设，以推进教师能力的整体提升。

(五)继续加强"方庄模式"的集群能力建设

能力是集群的战略优势，也是集群的核心竞争力。因此，我们从探索建立"方庄模式"的要求出发，探索建设一个能力结构与目标要求相匹配的能力模型作为集群能力建设的依据，大力开展能力建设，促进集群能力的全面提高，为集群的可持续发展提供不竭动力。

1. 集群能力建设模型

根据能力建设理论，未来几年乃至更长历史时期，集群要加强如下四方面的能力建设工作。

意识能力建设即集群意识能力建设，要求集群成员的行为与集群的使命或目的一致，同时与集群的价值追求一致。

关系能力建设即创造、维护与集群使命或目的实现密切的关系，创造、维护与集群重要任务的完成密切的关系。

学习能力建设即创造、寻找完成集群主要任务的多种方案，并努力予以实施，且不断反思经验，从哲理卜思考集群事务。

变化能力建设即不断采用新的方式或方法，以完善集群的目标，聚焦集群的愿景，努力使集群保持领先地位。

我们应在调查研究和创新实践的基础上，建立更加切合集群实际的能力建设模型，以指导集群能力建设。

2. 集群能力建设范围

按照能力构成要素，首先要激发集群成员积极参与教育改革实验的意愿，其次要切实提高集群成员积极参与教育改革的能力，最后要促进集群成员实现集群教育改革实验目标。无论是激发意愿还是提高能力，都是队伍建设的目标。因此，扎扎实实抓好队伍建设是切实提高执行力的根本措施。

加强集群意识培养，重点是加强集群的使命感（创造优质、均衡促进教育公平的方庄经验）和价值观（各美其美，美美与共；群策群力，同创共赢；互惠互利，普惠普利）以及愿景（让方庄教育成为品牌）等方面的教育，以提升集群成员的意识能力。为此，我们应加强集群社会形象的建设，在多个网络平台上建立集群词条，并不断更新。集群要在推进各项工作中贯彻落实加强集群意识能力建设的精神。

继续加强沟通能力、团队精神、社会礼仪和语言能力的教育，以提升集群成员的关系能力。集合集群成员拥有的公共关系，积极利用国际、国内各种关系开展集群教育以及教学活动。继续开展卡内基沟通能力培训，扩大培训范围，对集群所有校级领导、中层管理人员、班主任等进行轮流培训，开展面向学生的实验性培训。

继续通过开展集群各种各样的课题研究、教师进修培训、专家讲座等途径，加强科学研究方法、科学精神、人文精神、学科专业和职业道德等方面的教育，以提升集群成员的学习能力。

继续加强国际形势、国家政策、各地教育改革趋势等方面的讲座培训，以提升集群成员的变化能力。

3. 围绕集群能力建设完善组织制度建设

紧密围绕集群教育特色建设任务和能力建设要求，我们要进一步完善集群的组织制度建设。

(1)完善集群教师培训基地建设

继续依托高校、科研机构等，共享优质学术资源，通过专家讲座、主题研讨和课题研究等，不断提高教师的专业发展水平。

继续推进骨干教师、青年教师导师带教活动，积极开展校际教师交流研讨和联片教科研活动；适时开展方庄实验区课堂开放和诊断活动。

继续围绕不同学校的发展主题，以学校教育教学研讨会等为载体，组织校际走进学校活动。探索开展小初高贯通的整体教学、教育体系构建，围绕知识构建、能力培养、习惯养成和心理发展等方面开展一体化设计，努力实现各学段的无缝衔接，促进学生的可持续发展。

(2)完善集群校长论坛、集群班主任论坛建设

继续增强校长之间的相互了解、沟通，促进校长之间的相互学习，促进校长的专业成长，积极开拓与国内外校长的广泛交流渠道，继续办好校长论坛。

成立集群班主任教研中心，建立班主任教研制度，制订班主任论坛计划，促进班主任的专业成长。在已引进并推广提升的"自我主导学习能力"项目基础上，邀请国内优秀班主任指导课堂教学模式的改革实验，真正落实以学生为主体的教学变革。

(3)完善集群教师科研中心建设

继续在调查研究的基础上制订集群教师科研计划；完善例会制度，大力推进各个学科的集群教师科研活动；全面整合本地区的科研资源，提升本地区教师的科研能力。

（4）完善集群家长培训中心建设

继续办好"妈妈课堂""隔辈育人"等特色培训活动，继续坚持对家长进行分层次培训，继续推进家长之间的同侪互助制度。

（5）完善集群教育质量测评中心建设

理顺集群监事会与集群教育质量测评中心的关系，完善学生综合素质的评价制度，改善学校教育教学工作。加强预先评价，增强其导向性、预见性。加强实施性评价，了解改革过程中的活动状态，为改革方向和进程的调整提供依据。

4. 集群能力建设项目

为了提高集群成员的意识能力、关系能力、学习能力和变化能力，我们遵循"请进来、走出去"的原则，完善集群的培训计划；本着理论与实践相结合的原则，完善集群的教学改革实验计划；遵照自律与他律协同的原则，完善集群评估与评价能力建设计划。

（1）集群名家进校园计划

继续开展名家进校园活动，在总结已有工作的基础上，本着让更多师生受益的原则，充分考虑集群成员校的需要，充分通盘考虑集群成员校的名家进校园计划。

在已有活动方式的基础上，增加灵活多样的方式，尤其要注重发挥集群云平台的功能，让每次活动产生较好的教育效益。在固定一校讲座的基础上，开发网络多点互动功能，尝试多校巡回开设讲座。

在已有名家的基础上，吸引更多的名家走进集群成员校。在专业领域的结构上，既要突出一段时期的重点或特色，也要总体注意适当调控，以满足绝大多数师生的需求。

加强名家与集群师生的深度互动，从一般性讲座发展为专业交流、办学合作，以促进集群专业敏感性的不断增强，促进集群变化能力的提升。

(2)集群访学式专题研究计划

集群访学式专题研究计划旨在通过自主研究提高能力，鼓励教师读万卷书、行万里路，深入访问同行，深入调查社会，拓宽文化视野，提升专业素养，为集群的教育教学改革与发展提供建设方案。每年面向集群教师公布访学计划，通过广泛发动和重点指导，经过展示、评比、答辩等环节，最后由集群学术委员会遴选确定访学人员。在集群的云平台上建立访学专栏，采用活动日志的方式记录访学过程；访学的考核采用同行评价、专家评价和专业评估相结合的方式。

(3)集群名师成长工程

我们应为集群骨干教师聘请大学教授和具有全国影响力的特级教师担任导师，导师由固定的个体制走向相对固定的集体制。

建立集群名师工作室，以集群特级教师和优秀骨干教师为工作室成员主体，同时考虑邀请在指导集群骨干教师成长方面做出贡献的集群外特级教师加入工作室；以名师为核心组建工作室学术委员会，采取滚动发展的办法管理工作室。

骨干培养对象和名师工作室的考核注重同行评价、导师(学术委员会)评价、专业评估相结合。评价的标准以骨干培养对象与导师商定的培养方案、名师工作室活动计划为依据。培养方案和活动计划在集群内公布，接受同行的监督；根据培养方案和活动计划设计评估体系。

（4）集群教学改革实验计划

为了推动教育教学改革，在集群的新音乐教育、德育、体育等课程初步取得成效的基础上，继续推进音乐、德育、体育、语文、数学、英语、技术等领域的教学改革实验，启动配套的教学改革培训。

一是进一步完善体育的十二年一贯制培养。在总结足球、击剑、乒乓球、围棋、桥牌、跆拳道等教育特色的基础上，邀请北京大学、清华大学、北京体育大学的专家进行诊断，制定一套新型的体育人才培养方案，探索"教体结合"的人才培养机制。

二是进一步提升新音乐教育水平。从音乐教育哲学的视角出发，在总结分析新音乐教育促进学生德智体美劳方面发展的作用机理的基础上，紧密围绕新音乐教育计划，扩大实验面积，为争取成为中央音乐学院生源基地、全国音乐教育新体系师训基地开展工作，努力使集群的新音乐教育从学前、小学、初中到高中形成一个比较完整的体系。

三是建立十三年至十四年一贯制的语言教育课程体系。在总结梳理汉语、英语等语言类课程教学改革的基础上，邀请国内高效的语言教学法创始人（特级教师张思中和姜兆臣等）和本色语文创始人（特级教师黄厚江）等相关学科教学专家对集群从学前、小学、初中、高中等阶段的语言教学进行诊断，制订集群语言教学改革计划，促进集群语言教学迈上新台阶。

四是建立十三年至十四年一贯制的技术教育、职业体验体系。在总结梳理已有工作的基础上，邀请清华大学基础工业训练中心、教育部职业教育发展中心等国内机构专家对集群技术教育进行诊断，完善集群技术教育、职业体验教学计划，促进集群职业技术教育特色的形成。

八、教育集群：区域教育治理新模式

(一)治理体系：多元主体共同参与

现代教育治理要求通过多元主体互动、协作等方式，建立一套有效的体制、机制和制度，使教育主体能够共同参与教育决策、执行和监督，进而实现教育改革和发展目标。为适应现代教育治理的要求，在集群的酝酿阶段，《丰台区"十二五"时期教育事业发展规划》对集群实验进行了明确的规划，确立了政府主导、学校协同、资源共享、特色衔接、共同发展的集群发展机制。在丰台区教委的主导下，我们制定了《方庄地区教育集群化发展实验区规划方案》。

集群建立后，我们首先成立了集群管理协调中心，作为集群的管理、协调机构，设立了集群办公室，负责集群的具体工作。集群管理协调中心的成立充分体现了多元主体共同参与的现代教育治理要求。

为强化民主决策和社会监督，推动集群的机制建设和科学管理，集群代表大会选举成立了集群理事会、集群监事会。集群理事会旨在加强集群与社区的联系和合作，吸引社会各界关心教育，增强学校的办学活力，全面提升教育质量和办学效益，为社区提供优质的教育服务。集群监事会负责评价、监督集群工作，主要由社会人士组成，保持了相对独立性，体现了管、办、评分离的现代教育治理理念。

为深化集群的发展，集群代表大会还通过了集群理事会起草的《方庄地区教育集群化发展试验区二期规划(2015—2020)》《方庄教育集群项目管理办法》《方庄教育集群章程》等文件，使集群的发展更加规范、有序。

(二)治理机制：以内生动力推动集群发展

方庄教育集群是龙头校和其他成员校形成的一种既自主又合作的"1+N"体制的区域教育共同体，各成员校的法人地位、办学性质、人事关系、资源的所有权不变。也就是说，方庄教育集群的建立并没有进行权力重组和资源的重新分配。作为集群的龙头校，十八中与其他成员校是平等的战略伙伴关系。同时，十八中也没有强行推广所谓的"十八中模式"，其他成员校有权保持本校的个性和特色。在这种非强制性的教育治理机制下，方庄教育集群努力通过激发内生动力推动自身的发展。

1. 资源共享，满足成员校的发展需求

各成员校有强烈的发展需求，但缺乏发展所需要的资源。集群的一项基本功能就是资源共享。所以，在集群发展的初级阶段，我们就确立了积极争取上级支持，充分发挥龙头校的辐射作用，实现成员校特色有机衔接，资源深度共享，优势互补，互利互惠，共生多赢，整体提升的集群建设指导思想，实现了教学硬件、软件、课程、师资等教育资源的共享。

2. 打通出口，满足成员校的现实需求

学生的出口问题是各成员校所要解决的现实问题。集群立足多出口、多元化，从发展龙头校、学生直升、学生就业、升入高职院校、特长学生升学、文化课成绩优秀学生、学生国外留学这几方面全面打通集群各学段学生的出口。这些举措直接解决了各成员校的现实需求问题，得到了各成员校的积极响应。

3. 开发集群生态课程，满足学生的成长需求

集群发展不是资源的简单整合、平均，而是集群内各种元素组合方式的根本变革，是结构的调整和优化。在集群发展的中级阶段，我们确立了立足师生的生命价值，服务师生身心的全面健康发展，打造以课程为核心的优质区域教育生态，推动方庄地区教育的优质、均衡发展的发展战略。

4. 建立发展平台，满足教师的专业发展需求

为了满足教师的专业发展需求，我们除建立方庄教育集群云平台、集群教师培训基地、集群班主任论坛、集群教师科研中心等教师发展平台外，还在教师课程资源方面多次采取集群联动的模式，多次承办北京市乃至全国范围内的教师交流活动，邀请名家到集群交流观摩，让教师在交流过程中重新审视自己的教育教学，并有机会得到名家点拨，从而得到快速提升。

集群的发展动力源于成员校的内在成长需要。所以，集群的治理体系呈现出多样性、内生性、多元性、协商性等特点。正是这种动力保证了集群的可持续发展。

(三) 治理结构：集群治理扁平化

集群在建立之初就构建了扁平化的治理组织结构。

一是破除等级观念，实现民主化管理。虽然十八中是集群的龙头校，集群实行的是"1＋N"体制，但龙头校与其他成员校都是平等关系。龙头校负责召集、组织工作，而不是领导其他成员校。在集群的重大问题上，

决策由全体成员校共同做出。丰台区教委还提出了龙头校实行轮值的设想，即当集群进入良性、持久发展的轨道后，集群的龙头校由各成员校轮流担当。

二是实行简约化管理。集群成立伊始就实行简约化管理，即由集群办公室通过集群发展云平台及时发布集群的各种信息，通过短信平台发布重要信息。此后建立的集群理事会也只是为了让集群管理协调中心的运作规范化，集群监事会的作用主要是监督和评价。

三是积极搭建各种有效的平台。根据集群的一期规划方案，我们建立了"一平台、一基地、二论坛、三中心"，形成了集群发展的立体支撑体系。

根据集群的二期规划方案，我们进一步优化了集群的平台建设。在集群第一届理事会第二次会议上，我们讨论通过了《方庄教育集群代表大会制度》《方庄教育集群人民调解委员会章程》《方庄教育集群机构及职责》等文件。这进一步激发了集群成员积极参与教育改革实验的意愿，切实提高了集群成员积极参与教育改革的能力，促进了集群成员实现教育改革实验目标。

通过这些支撑平台，集群实现了教学硬件、软件、课程、师资等教育资源的共享。例如，集群教师培训基地依托北师大、北京教育学院等院校，实施区域教育合作项目，共享优质专家资源；组织开设专家讲座，参与主题研讨和课题研究，开展集群课堂开放和诊断活动，提高教师的专业发展水平；实行集群骨干教师梯队共建，开展校际教师交流研讨和联片科研等活动。

四是推进项目竖井式管理。集群理事会负责项目的日常管理，集群监事会负责检查项目计划书的执行情况。对于初步成熟的特色项目，如果能够推动集群的发展，集群将优先资助。

(四)机制创新：新制度促进集群新发展

教育集群是一种新生事物，方庄教育集群是北京市建立的第一个教育集群，没有现成的经验可借鉴，没有成功的模式可学习。所以，在集群发展过程中，针对不断出现的各种问题，我们不断进行机制的创新。在集群的二期规划中，我们创新了七项制度，推动了集群的深化发展。

一是创新学籍管理制度，赋予集群一定的学籍管理权限，使特长学生能够得到连续培养，使成员校的特色能够得到有效衔接。二是创新教师管理制度，赋予集群一定的师资调配权限，使教师特别是骨干教师在集群内进行合理、有序的流动，增进集群的活力。三是创新财政管理制度，赋予集群一定的购买社会服务权限，充分调动社会资源，以满足学生的特长发展需求，突破集群教育资源供不应求的困境。四是创新科研管理制度，赋予集群一定的创建集群课表权限。五是创新课程管理制度，赋予集群一定的课程管理权限。六是创新绩效管理制度，赋予集群一定的资源使用补偿权限，根据各校的资源利用率进行经费补偿。七是创新项目管理制度，赋予集群一定的项目管理权限，对集群项目采取招标方式进行管理。

九、满足学生全面而有个性发展的需求

针对成员校课程实施中场地设施、师资力量短缺的问题，集群成立了

由区教委、街道、学校、社区的代表组成的集群管理协调中心，建立了"一平台、一基地、二论坛、三中心"，着力推进课程资源共享，不但有效地保障了成员校课程的顺利实施，而且提高了区域教育资源的利用率，唤醒了教育工作者的主体意识。

聚焦培养学生的关键能力，针对学生的全面发展需求与成员校资源供给的不匹配，集群通过集群云平台不仅实现了学生的跨校选课，而且促进了泛在学习；同时，实现了微课共享，推进了课程资源共建，建构了横向贯通课程、纵向衔接课程和纵横融通课程。不断升级的集群课程体系初步满足了多类型、多学段、多层次学生的全面发展需求。

聚焦共同育人格局建设，针对集群学生的个性化发展需求与成员校资源供给的不匹配，集群通过采取把龙头校做大做强、培育特色种子项目、着力推进学段有效衔接、大力探索多相衔接、促进家庭和社区的有效参与等措施，凝聚和壮大区域教育合力，优化区域教育结构，使学生能够享有适合自己的优质教育，满足区域百姓对优质教育的需求。

聚焦教育治理现代化，针对学生和教师成长需求与区域组织环境的不匹配，集群不断创新共享机制，增强人类命运共同体意识，实现了物质资源、课程资源、人力资源、制度资源、公关资源的共建共享，打造了方庄地区的区域教育生态系统；不断深化教师的自主研修，唤醒教师的自发性，促进了自组织的发育，回归到教师专业发展的生命场，提升了区域教育组织的自适应能力；建立了基于"互联网＋人工智能"的新型教育体系，有机地把教学、管理、资源三个方面结合起来，建立了学习平台、分析系统和集群资源库并不断升级，促进了区域教育的优质、均衡发展，推进了学习型社区建设。

经过多年发展，集群建立了四级课程体系，创立了群内走校、校内走班、班内走位的课程实施模式，精准扶持西部教育，形成了师生、家长、社区和政府代表等参与的区域教育治理体系。

多年来，集群3所全国校园足球特色校向职业俱乐部输送了多名队员；作为欧洲围棋联盟基地培养了多名职业棋手，部分输送至韩国、德国、日本等国家，传播了中国文化。

集群践行人类命运共同体理念，坚持自组织与他组织协同共育，引领学校从单体的竞争发展到群体的竞合发展，促进资源观由占有式向共享式转变，建立了区域教育生态系统，丰富了新时代区域教育优质、均衡发展的理论内涵，形成了有别于其他产业集群和国外教育集群的特色。

集群打通了各学段的出口，与大学衔接，成为多所高校的生源基地；创立了职普融通的办学模式，拓宽了学生的成长通道；拓展了音乐、美术、体育等专门人才的升学通道；积极发展国际教育，打通了国外留学的通道。

为凝聚和壮大区域教育合力，改变区域教育治理结构，我们建立了集群代表大会、理事会、监事会和人民调解委员会等机制；面向社区开放集群云平台，开展职业技能培训、技术服务等，使社区居民参与集群治理，成为集群的参与者、获益者，推动了集群教育的社区化进程，促进了区域教育治理能力的提升，探索出了一条社区协同共建人民满意教育的路径。

3

学区制集团化办学背景下的区域发展行动

建设高质量教育体系，是"十四五"期间教育领域的战略任务。2023年年初，丰台区全面启动基础教育"强基工程"，提出用6～9年时间全面优化区域教育布局，明确了"学区＋集群＋集团"和"区域教育共同体＋社会参与治理"的改革路径，以建设高质量基础教育体系。

一、大规模教育集团治理的实践与思考

2023年，丰台区新规划的13大学区、调整完善后的20大教育集团、首批丰台区中小学"第一校长"和"荣誉校长"均已亮相。丰台区以前所未有的改革力度、速度和决心奔向建设高质量首都教育强区的目标。

教育集团一手连着学区、集群，一手连着学校、社区，处于此次区域教育改革大局中"四梁八柱"的枢纽位置。可以说教育集团治理水平的高低关乎此次区域教育改革质量的高低。如何办好教育集团？下面以十八中教育集团为例浅谈我们探索教育集团治理的实践与思考。

(一)文化统领，以优秀集团文化引领集团治理

十八中教育集团不是单"法人"，而是由多"法人"构成的教育集团。每一所成员校都有自己独特的文化。所以，集团文化建设的第一个原则是尊重多元。

集团各成员校具有各自有特色的学校文化。面对多种文化因子，简单地以某一成员校的文化为集团文化进行单向复制和输出，会存在较大弊端。首先，文化同质化的过程会使成员校师生不但对自身文化失去信心，而且对外来文化因为陌生而感到无所适从。其次，单向输出容易导致集团缺乏多元文化的生态性碰撞而失去办学活力，势必制约教育集团的深化发展。

另外，在名校发展的历程中，教育者克服困难，不断总结经验，积淀了深厚的文化底蕴以及优秀的文化传承。这是一般成员校所缺失的。为了实现集团高质量发展，集团文化建设的第二个原则是核心引领。

在全体教职工的积极参与下，我们提炼出了"聚学问辩，居宽行仁"的校训和"聚·宽教育"的办学思想。我们以资源丰富的平台、宽广的锻炼舞台、贯通的学习台阶，聚焦核心素养，为学生打下健康身体的底子、健全人格的底子、宽厚文化的底子、强大精神的底子，使学生走出校门后如飞

龙出渊，利己达人、创造幸福。"聚·宽教育"文化作为集团的核心文化，得到了集团各成员校的认同，成为集团联系的纽带和文化生成的统领。

尊重多元与核心引领是辩证统一的，共同保障了集团文化建设的丰富性与高质量。

(二)系统推进，纵横融通构建集团育人体系

当前教育的实施有学段的划分，也有学科的分类。事实上教育发生的过程是一个整体，教育应该瞄准"培养完整的人"进行整体考量与设计。从这个角度看，教育集团具有天然的人才培育优势。

系统规划、整体推进课程体系建设是集团实现科学治理的一环。我们以此为优化集团育人体系的起点，进而系统推进学习共同体课堂变革、干部教师两支队伍流动、科学评价体制机制建设等，打破学段、学科限制，构建学段学科科学衔接、课堂课程高度融合、德智体美劳五育并举的高质量的集团育人体系。

(三)深化联动，家校社合力打造区域教育共同体

此次区域教育改革特别提到"区域教育共同体＋社会参与治理"的改革路径。在这方面，集团已进行了多年的探索与实践。

一是积极动员社区参与集团事务。社区居民有参与创造优质教育的权利。当他们参与创造优质教育的过程时，他们对集团的接受度和支持度就会更高，从而能够更加自觉地为集团的发展提供支持。

比如，人民调解委员会通过化解师生间、学生间、学生与家长间、教

师与家长间的矛盾，营造了良好的校园环境，有效维持了正常的教学秩序，构建了和谐的教育环境，最大限度地减少了学校治理的失误。

二是建设家校社联动文化圈。我们以方庄书院等为纽带，围绕着打造"一刻钟学习圈"，加强集团与社区的互动，建设社区支持教育和教育辐射社区的生态文化圈。

集团坚持以统筹协调为本、以开拓创新为先、以生态发展为要，实现了社会积极参与治理，成功打造了区域教育共同体。

文化统领、系统推进、深化联动均指向集团高质量发展，指向办人民满意的教育，指向学生全面而有个性的发展，指向为党育人、为国育才，最终为培育党和国家急需的包括拔尖创新人才在内的各式各类人才奠定基础。

总之，集团化办学承载着历史责任和时代使命，要力戒"规模不经济"，力争"规模效应"；力戒"众智成愚"，力争"众愚成智"。我们要从教育集团的实际出发，在调查研究的基础上，探索建立适合自身发展的教育集团治理路径与模式。我们要在实践中反思，在反思中完善，不断总结、提炼教育集团治理的典型经验，为区域教育发展助力！

二、助力中小学教师信息技术应用能力提升

根据教育部的统一部署，集群负责对口支援玉树州中小学教师信息技术应用能力提升的培训工作。集群全体教职工团结一致，群策群力，克服重重困难，在充分调研的基础上，采取线上线下相结合、集中分散相结合、点与面相结合的援助方式；在援助过程中不断提升精度、加大力度、

提升高度、增加温度、加强效度，圆满地完成了对口支援玉树州中小学教师信息技术应用能力提升的培训工作。

（一）全过程线上线下调研，提升教育扶智的精度

在整个援助的过程中，我们不断地与玉树州的领导、教师进行沟通、交流，持续进行线上、线下调研，提升教育扶智的精度，全面提高了援助的实际效果。

接到任务后，我们迅速与青海省教育厅和玉树州教育局相关领导和教师取得了联系，在多次交流、沟通的基础上，完成了玉树州教育信息化建设现状调研问卷。该问卷包括教育信息化基础设施、数字化资源整合、应用服务、师生发展、保障机制、其他六个部分。调查对象包括州教育局领导、县教育局领导、学校领导、一线学科教师和信息技术教师。在实际调研的基础上，我们初步制订了援助计划。

2018 年，集群派出信息技术骨干教师团队赴玉树州进行实际调研。教师团队首先听取了青海省教育厅和玉树州教育局相关领导对青海省和玉树州的教育信息技术设备配置和应用情况的介绍，以及省、州对教师培训工作的总体部署和对本项目的要求。接下来，教师团队走访了囊谦县第二民族中学、囊谦县第三完全小学、玉树州第二民族高级中学和玉树市第一完全小学，详细了解了这些学校的信息化设施的配备与使用情况，与学校领导、信息技术教师和部分教师代表进行了深入的座谈交流，进一步明确了他们在教育信息技术方面的实际需求，并深入课堂和计算机教室、录播教室等实际查看了教育信息技术的应用情况。教师团队还亲自走进教室给学

生上信息技术课，对教师进行信息技术指导和培训，并就集群云平台资源的账号使用进行了对接，利用现有资源直接投入匹配，实现了匹配共享。

2019 年，集群再次派出信息技术骨干教师团队赴玉树州了解玉树州教育教学和教研的整体情况。教师团队共进行了 6 次调研活动。调研对象有玉树州的校长、教师，近 200 人。这为进一步了解玉树州教育教学、教研和教育信息技术的应用情况，为后面的线上、线下支教活动更加精准、有效地开展打下了坚实的基础。

在教研交流活动中，教师团队开设了精彩的课堂教学、备课和高考等方面的讲座，认真回答了玉树州的教师的问题，切实了解了玉树州的教师在教育教学过程中遇到的实际困难和迫切需求。

2020 年，集群信息技术骨干教师团队进入玉树州囊谦县第三完全小学和香达镇中心寄宿制学校进行实地调研走访，通过与学校管理人员和一线教师座谈、实地参观走访、推门进班听课等方式掌握有关囊谦教育实际的第一手资料。教师团队开展了实地走访调查，调查对象包括学校管理者、一线教师、在校中小学生、当地居民和生活服务业从业者。除了采用一对一访谈的形式外，教师团队还向当地学校学生发放了调查问卷，获得了有关囊谦县中小学生的校园学习生活状况以及教师对教育信息化需求情况的第一手资料，并提出了有针对性的对策与建议。教师团队还专门与囊谦县教育局局长深入沟通，对未来的交流合作生成了一些有创造性的构想。

(二)线上教研交流、优质课共享常态化，加大教育扶智的力度

根据玉树州师资匮乏、优质课程资源紧缺和教师培训帮扶开展困难的

实际情况，结合青藏高原独特的地理、气候等自然条件，集群利用智能双师互动系统实现了玉树州与集群教师的互动教学，实现了优质课程资源线上共享，打造了线上线下互联互通的高效智慧教学模式，从而全面提升了玉树州教育信息化的整体水平和师生的信息化素养。

1. 线上优质课共享

北京市和玉树州两地远程双师互动教学扶智交流工作启动后，开展了线上优质课共享活动，使玉树州的教师提升了教育信息技术应用能力，感受到了首都优质学校的先进教学理念与方法，深受玉树州的领导、教师的欢迎。根据教育部要求扩大受益面的指示，玉树州电教馆和称多县教育局安排称多县教研室教研员和县直三校、各乡镇中心学校校长、副校长、教研主任亲临现场参与听课，并组织、带动更多教研员参加。称多县乡镇中学的领导和教师冒着严寒，踏着积雪，赶赴县城学习，令人十分感动。

从 2019 年开始，线上优质课共享活动已经常态化开展。其中 2019 年共进行了线上优质课共享活动 8 次，有新授课和复习课两种课型，涉及语文、数学、英语三个学科。另外，物理和化学两个学科已经完成了线上优质课共享活动的准备工作，两个学科实验操作的全部资料已通过网络上传供玉树州共享。玉树州参加学习的教师、学生共 600 余人。另外，为扩大辐射面，我们还设计了二维码直播和回放。线上优质课共享活动使玉树州的师生加深了对学习共同体的理解。我们惊喜地看到，称多县的课堂教学已经开始进行学习共同体建设的尝试，发生了静悄悄的变化。教师的教学理念也实现了升华。

随着线上优质课共享活动的开展，我们与同为教育信息技术国培平台的国家开放大学开展合作，利用它的平台将我们的优质课的覆盖面扩大到了新疆阿克苏地区。第一次直播中就有来自沙雅县第五中学、第六中学以及古勒巴格镇向阳学校和红旗镇育才学校的近百位教师观看，并进行了线下研讨活动。直播及线下研讨活动受到新疆阿克苏地区教师的欢迎和好评。我们已经与国家开放大学签订了合作协议，将它的平台优势与我们的课程优势相结合，在玉树州全面扩大优质课程的受益面。

2. 线上教研交流

北京市和玉树州利用智能双师互动系统，以单元备课为载体，建立了跨越地域空间的学习和教研共同体，共促教学水平的提升。其中，2018年度培训活动取得了显著的阶段性成果，玉树州的领导和教师非常满意。在此基础上，教育部要求将支教服务范围由点扩大到线和面。从2019年开始，玉树州电教馆和囊谦县教育局安排囊谦县教研室教研员和四所小学的领导和教师参与线上培训活动。2019年共进行线上教研交流活动6次，涉及小学语文、数学、科学、美术等学科，包括课例研究、说课、学科备课、单元备课等多种形式。玉树州参与交流的校长和教师共170余人。线上教研活动使玉树州的领导、教师拓展了教学思路，拓宽了教学视野，升华了教学理念，加强了沟通、加深了了解，逐步完善了跨地域的学习和教研共同体，实现了信息技术与学科教学的深度融合。

(三)加强信息技术建设，提升教育扶智的高度

为高效地完成支教任务，集群坚持以信息技术与教育教学深度融合为核心理念，按照国家教师信息技术应用能力2.0标准的要求，积极开展骨

干教师信息技术应用能力的培训，全力推动教师信息技术应用能力从 1.0 向 2.0 的提升。十八中在北京市率先开始进行教师信息技术应用能力 2.0 先期培训，从 2019 年 12 月开始进行教育信息技术 2.0 工程的整校推进；在 2020 年上半年进行了 5 期培训，在暑期开展了教师信息化 2.0 校本研修，到 12 月底已经形成了阶段性研修成果。

2020 年 1 月，集群进行了中小学教师信息技术应用能力提升工程 2.0 校长（园长）信息化领导力提升培训；9 月进行了信息技术应用能力提升工程 2.0 骨干教师培训。从 10 月开始，集群成员校组成了骨干教师先行培训团队，共同探索信息技术与课堂教学的融合，并且形成了系列精品课例。该培训提高了教师的信息技术应用能力和水平，提升了教育扶智的高度。以上所有信息技术培训的资料以及开发的学科精品课程全部实现了与玉树州的教师的共享。

集群培养的这些信息技术骨干教师成为玉树支教的骨干。他们开发了信息技术与教育教学深度融合的系列精品课例，与玉树州的教师分享。他们与玉树州的教师结对，进行一对一的指导，并进行优质课例展示。

（四）高原送教，增加教育扶智的温度

一是骨干教师赴青藏高原进行示范课教学。为了更好地完成对口支援项目任务，在前期线上线下交流的基础上，集群在 2019 年暑假派出信息技术骨干教师赴玉树州进行线下支教活动。教师团队包括小学、初中、高中不同学段和学科的骨干教师。

集群信息技术骨干教师共献课 11 节，惠及学生 700 多人。参与课堂

观摩和学习的校长和教师共 150 余人。北京市教师的示范性教学体现了学习共同体理念，拓宽了玉树州教师的教学视野，受到了学生的热烈欢迎。同时，这也加深了两地领导、教师彼此的了解，增进了友谊，增加了教育扶智的温度。

2020 年，信息技术骨干教师、十八中团委书记任克若进入囊谦县第一民族中学生物教研室，与教研室教师深入沟通，现场备课，在八年级 9 班进行了现场教学。该教学体现了学习共同体理念和先进的教育信息技术应用，使听课教师拓宽了教学视野，积累了教学智慧。

二是骨干教师赴青海开设专题讲座。2020 年 9 月，集群组织信息技术骨干教师分批次赶赴玉树州囊谦县，将教育信息化与学校建设、教师培养、班级管理、课堂教学、教书育人等方面相结合，对囊谦县广大中小学教师进行面对面的现场培训。7 位骨干教师共开设了 14 场专题讲座，覆盖了囊谦县全部幼儿园、小学和初中。

本次系列培训采取听完讲座后实时扫码线上评价的反馈方式，以确保反馈意见的即时性和真实性。参训教师在讲座开展的过程中专注倾听、认真记录。讲座间歇时，参训教师纷纷同骨干教师进行交流、讨论，请骨干教师解答自己在教育教学中遇到的问题。讲座结束后，参训教师对 7 位骨干教师"接地气"的讲座内容给予了高度肯定和赞扬，并表达了后期进一步保持沟通交流的强烈诉求。

(五)多方位援助，加强教育扶智的效度

教育扶智工作是一项综合性的工作。我们需要与受援方加强多方位的沟通交流，才能切实加强教育扶智的效度。在实际工作中，我们不拘工作形式，与玉树州的教师和学生进行了立体的、多方位的沟通和交流。

十八中团委书记在教育扶智工作过程中充分利用共青团的联系渠道，与玉树州治多县团委和囊谦县团委取得了联系，通过团委平台对玉树州的教师和学生开展援助工作。

为了让学生将劳动和科技紧密结合，创新劳动，创造成果，启迪未来，做更好的自己，全面而有个性地发展，十八中附属实验小学校长王志清多方奔走，积极联系，借助社会力量帮助囊谦县第三完全小学筹建了"醉美劳动宫"。

(六)守正出新，科学应对线上学习

首先，我们组织两地的骨干教师利用微信群等线上联系方式，展开了跨越千里的线上交流，彼此分享优质的线上教学信息，丰富了线上学习和线上教研活动，切实提高了在线上学习期间的教研质量与成效。例如，在语文教研组微信群中，十八中附属实验小学王志清校长和教师为玉树州各校的教学干部、骨干教师分享了课文朗诵音频、教材解读文章，以及名师经验分享、教科研讲座、直播课、公开课、培训讲座等优质教学资源。除了语文学科之外，交流内容还涉及数学、英语等多个学科。这些丰富的线上学习资源的推广为当地教师提供了足不出户就能对话名家的机会。受益群体不断增多，影响力不断扩大，得到了大家的由衷认可。

集群的教师还利用信息技术的方式，拓展了与玉树州学生的直接联系，尽可能为他们提供一对一的帮助和指导，提高了援助的精准化，提高了线上学习效率。

(七)教育扶智特色与经验总结

一是推进两地教师的情感交流、升华，进行有温度的支教。任何支教工作最终都要落实到人的身上，人都是有情感的。在援助过程中，我们不仅注重受援教师信息技术应用能力的提升和教育教学理念的升华，还不断增进集群教师对青海省、玉树州、藏民族和康巴文化的认识、了解和热爱之情；积极加强集群教师和玉树州教师的情感联系。上述措施推进了两地教师的交流，使支教工作开展得十分顺利。有温度的支教极大地提高了工作效率和效果。

集群的领导和教师对玉树州的支教热情深深地感动了社会各界人士。有的企业捐助了便携式制氧机，为教师应对高原缺氧提供了有力的保障；有的企业捐助了智能双师互动设备，使两地的线上交流活动得以有效开展。这一切都温暖着两地教师的心，增加了支教活动的温度。

二是构建在线学习共同体，推动支教工作高效开展。在加强双方情感交流的基础上，我们建立了两地教师的学习共同体，并且不断进行学习共同体的建设。除了开展线上教研交流活动、线上优质课共享活动外，两地教师还建立了多种主题的微信交流群，及时对教学问题进行探讨，共享优质教学资源，使教研交流活动能够随时开展。学习共同体保证了学习的真正发生，使教师的专业水平得到了提升。

三是以课例研究为载体，在学科教学中渗透信息技术。在援助过程中，我们坚持信息技术与教育教学的深度融合，以课例研究为载体，在学科教学中渗透信息技术。在优质课例的展示过程中，受援教师切实感受到了信息技术带来的便利，从而转变认识，积极在教育教学实践中发挥信息技术对教育教学的推动作用。同时，学科对学科、学段对学段的指导更为精准地解决了问题，使受援教师更容易接受。这样教师之间更容易沟通，指导效果更好。集体备课活动直接帮助受援教师进行备课，切实减轻了他们的教学负担，提升了帮扶效果。

四是创建"三同一对"支教模式，全面提升支教效果。在援助过程中，我们积极总结经验教训，不断探索高效的支教模式。我们创建了"三同一对"支教模式。即两地同学段、同学科教师同备课、同教研、同上课；利用网络和微信等形式，教师与教师、学生与学生、社团与社团分别结成帮扶对子，进行线上交流活动，扩大了支教工作的覆盖面。"三同一对"支教模式使支教工作扎实落地，有力地提高了支教的效率，全面提升了支教的效果。

五是建设生态性支教模式，使支教进入长期化、常态化的状态。集群拥有2000多位教师。我们能与玉树州不同学段和学科的教师直接对接，进行沟通、交流时有共同语言。在援助过程中，我们鼓励集群教师与玉树州的教师结成一对一、一对多、多对多等各种形式共同体，广交朋友。

六是不拘形式，多方位沟通。教育扶智工作是一项综合性的工作，如果拘泥于援助形式和方式就会影响援助的实际效果。所以，在援助过程中，我们应从实际出发，尽可能采取多种方式与受援方多方位地沟通交流。例如，利用共青团组织平台对玉树州的教师和学生开展援助工作，切实提高了教育扶智工作的效度。

在援助过程中，我们与玉树州的领导、教师和学生建立了深厚的感情，加深了对青藏高原的热爱之情，加深了对国家教育扶智事业重大意义的认识，升华了教育信仰。

对口支援项目任务虽然完成了，但我们与玉树州的联系不会中断，我们对玉树州的援助不会中断。今后，我们将继续尽可能支援玉树州的教育，继续为国家的教育扶智事业贡献自己的力量。

三、制定集团信息化 2.0 规划

习近平总书记关于没有信息化就没有现代化的讲话及《国家教育中长期教育改革和发展规划纲要（2010—2020 年）》提出的"信息技术对教育发展具有革命性影响"，是有关信息化对教育发展价值和意义的核心论述。

基于对信息化发展方面的理解和对信息化发展趋势、政策文件的培训和研习，我们将十八中教育集团信息化 2.0 规划的背景总结为以下四个方面：时代新使命、技术新融合、应用新阶段、教育新发展。

立足集团自身的办学发展，我们特别关注的是信息技术服务以人为中心的新时代教育教学改革的重要意义。具体来说，信息技术如何能够更好地赋能和促进教育教学理念、目标、文化的转变，包括从行为主义到连接主义的理念转变，从知识技能到全面发展的目标转变，以及社会适应与文化传承发展相协调的育人文化转变。

我们从学生、教师、学校、区域四个维度分析了集团信息化 2.0 规划制定的重要意义，即赋能教育教学，培养"聚·宽"学子；提升教师的素养，建设教师专业队伍；跨越历史基础，打造现代品质学校；拓宽辐射半径，促进区域教育均衡发展。

借助集群云平台，在资源、管理和教学方面，我们构建了共建共享的教育资源、管理和教学生态，基本实现了对各成员校教育的均衡性覆盖，也为周边社区居民提供了普惠。

同时，我们还负责对口支持了玉树州中小学教师信息技术应用能力的培训工作。所有课程资源同步免费共享，并通过跨地域、跨空间学习和教研共同体的建立，共同促进了两地教学质量的提升。

在信息化2.0阶段，我们希望以集团信息化2.0规划为契机，持续投入，继续发挥对外教育服务输出与对内体系化名师队伍培养、资源建设的互促作用，拓展和增强集群优质资源的共建共享能力，创新网络教研服务形式，提升名师的带动能力，扩展师生所用学习资源的个性化供给与匹配能力。

我们希望进一步发挥信息技术的杠杆作用，基于集团、服务集群、辐射教育欠发达区域，以更高的效率，在更大范围内为教育的公平与均衡输出优质教育服务。

集团信息化2.0规划的制定遵循以下七个步骤：开展基础分析、把握主体需求、明晰目标定位、找到可行方法、落实主要任务、制定保障措施、将规划与计划结合起来。

前两步主要构成规划的基础，先打好地基；第三步到第六步是规划的核心，是要建成的高楼大厦；最后一步就是对规划的落地。

（一）开展基础分析

开展基础分析就是选择从基本的元素出发去筛选、梳理、分析，包括集团的历史发展、办学思想和育人文化、学生的发展状况、教师的发展状况、信息化系统应用情况、环境现状等。

这一步主要回答从过去到现在，集团在信息化发展上到底做了什么、形成了什么基础、取得了什么成果、与信息化 2.0 的标准要求相比还有什么不足。成果就是我们的优势，还可以继续传承和发扬；不足就是问题。但还要结合后续的目标分析、任务分析再做分析，关键问题就是这次规划过程中必须想办法去破解的。

规划一定要立足学校的实际，要参照自己的历史文化、教师、学生、软硬环境等的情况去思考、去设计。这样做出来的规划才是学校自己的规划，自然会有自己的特色。

（二）把握主体需求

我们与专业研究团队进行了合作，依托研究团队成熟、专业的量表和工具，精准地进行需求调研诊断；同时以第三方的身份介入，更加客观和科学地进行数据的采集、分析、反馈等。

这一步具体分成了两个层次。第一层次是信息化建设需求调研，主要进行了分角色、分类型的量表设计和问卷调研，系统梳理了管理团队、一线教师、学生代表和集群代表对信息化建设中基础设施、资源共享、教学应用、素养提升四个方面的需求和想法。比如，5G 泛在学习、精品资源共享平台、网络教研平台、个性化精准教学系统等就是规划中提出主要任务和实施保障时需要重点考虑的，也是规划落地实施时需要侧重投入的。

第二层次是教师信息技术应用能力发展需求调研。我们用专业研究团队开发的信息技术应用能力指标评价框架与实施工具，分学科、分学段、分校区地构建了教师信息技术应用能力需求图谱，并联合进行了教师能力发展需求分析和诊断。针对教师各项微能力点提升的需求和差异，我们后续为教师提供的信息化支撑和教研支撑会更加精准。这样教师的积极性也容易被激发，因为有一个从"被动要用"到"主动想用"的过程。

(三)明晰目标定位

明晰目标定位是规划的一个难点。早期大多数规划目标的提出主要是一个自上而下的过程。比如，参照国家、北京市相应规划目标的描述，再做一些头脑风暴，我们可能就确定了规划目标，相对比较笼统和模糊。

对于这次集团信息化2.0规划的目标定位，我们还是做了大量的、反复的逻辑推导和实验验证的。

一是自上而下的分析过程。我们以《北京教育信息化三年行动计划(2018—2020)》为依据，做了一一对应的拆解和分析。这里需要特别说明的是，我们还要考虑集团信息化发展与集团发展的关系。整体来看，北京市信息化2.0目标是上上位的目标，集团办学目标是上位目标，集团信息化2.0目标是中位目标，落地实施的任务目标、计划目标等都是下位目标。一般来讲，规划是一种设计思维。我们更多遵循自上而下的过程，而实施的时候更多采用建设思维，更多遵循自下而上的过程。我们此次规划时将两者做了一定的结合。

二是自下而上的分析过程。我们结合现状分析和需求分析，最早提出的是六大主要任务，分别是现代课程建设、数字资源建设、教师信息化能力提升、校本研修模式转变、治理水平提升和智能环境打造，对应着六项任务目标。后来反复考量教师信息化能力和校本研修模式的联系较为紧密，所以我们重新做了合并。这样上承北京市信息化三年规划目标、下接集团行动任务五项目标。

此外，我们还对现状、需求与目标之间做了关联分析，更多是以问题和差距来体现的，主要对自上而下和自下而上的分析过程形成一个佐证。

我们提出的集团信息化 2.0 规划目标是坚持育人为本，融合创新，通过实施集团信息化 2.0 行动计划，2023 年基本实现"一中心、两构建、三提升"的发展目标，即以学习者为中心；构建信息技术深度融合的现代化课程体系，构建数字资源开发与应用体系；提升教师的信息化教学能力，提升治理服务的现代化水平，提升校园学习环境的智能化水平。

(四)找到可行方法

我们使用了 SWOT(态势)分析方法，围绕总体目标和任务目标分别开展了分析。我们会分别梳理出基于总体目标的机遇有哪些，挑战有哪些，优势是什么，劣势是什么，以及基于任务目标的机遇有哪些，挑战有哪些，优势是什么，劣势是什么，再进行问题汇聚和可行方法的梳理。

这一步可以解决两个问题：一是聚焦的关键问题更加精准；二是找出的可行方法指向性更强。这样能够更好地保证总体目标的落地。

(五)落实主要任务

我们围绕核心的办学要素，从课程、教学、资源、治理、环境五大方面提出了主要任务。

在任务的行动落实上，传统规划中的目标、问题与工作措施并不会一一对应，都是相对独立地分析确定的。我们做了创新，针对每一项主要任务分别提出了分项的愿景目标、核心问题和具体工作措施。每一个核心问题都对应了问题解决的工作措施。

这样能够保证规划与计划有更好的联结，后续落实到集团各职能部门的角色和分工上也会更加容易，可以大幅度提高规划的可行性和操作指导性。

主要任务制定的具体思路在后面的规划方案部分会进一步展开介绍。

(六)制定保障措施

这一步主要从组织保障、投入保障、能力保障、机制保障、安全保障五个方面提出保障措施，确保规划目标和主要任务能够顺利实施。

(七)将规划与计划结合起来

我们在制定集团信息化2.0规划时，第一次研讨就强调了规划与计划的结合问题。作为集团信息化2.0规划的实践支撑，我们也制订了较为详尽的校本研修计划。

信息化规划的终极目的是服务学校更好地办学，更好地提升教师和学生的核心素养，也就是服务"人"，从实现人的现代化到促进人的全面发展。所以，信息化规划制定的前提是首先要解决"人"的问题。

一所学校的信息化规划从来不是某一个人、某一个部门的事情，而是要求各部门形成合力，建设一支有思想共识、专业素养、实干精神的信息化工作队伍。

我们在探讨制定集团信息化 2.0 规划的过程中，都是召集集团教育、教学、信息中心等各部门领导干部和骨干教师参与进来。我们最初就要从不同的角色出发去思考和论证集团信息化发展的历史、现状和未来可能性，经过反复论证、求同、存异，再逐渐形成相对一致的对集团信息化 2.0 顶层设计的理解。规划构思、研讨、推导、互证等这样一系列的研制过程是很有意义的。这本身就是一个集团管理团队信息化领导力提升的过程，也是我们唤醒、对话、包容、成长文化的体现。

四、集团信息化 2.0 的工作目标、主要任务与保障措施

下面我们将从工作目标、主要任务、保障措施三方面介绍集团信息化 2.0 规划方案。

(一)工作目标

在信息化规划方案的工作目标制定方面，我们遵循集团规划制定上下一致的原则，将集团的办学理念、培育理念、培育目标、发展规划、研修计划进行一体化考虑，以提升各项工作计划的整体协同性以及各项规划的

分解可操作性。

在工作原则方面，我们遵循《教育信息化 2.0 行动计划》提出的基本原则；在具体实施方面，我们以育人为本，以融合创新为抓手，以系统推进、引领发展为保障。

在充分开展现状分析和需求分析的基础上，我们通过自上而下、分解落实和自下而上、建设实施，最终确定了"一中心、两构建、三提升"的发展目标。

(二)主要任务

集团信息化 2.0 的总体目标以学生为中心，可以通过"两构建、三提升"五大主要任务完成。

以学生为中心的教育教学离不开课程和教育资源这两个载体，它解决的是学生学什么以及用什么来学的问题。所以我们将上述两个体系的构建作为集团信息化 2.0 的核心任务。

面向集团信息化 2.0 的教育教学工作离不开教师的信息化教学能力，它解决的是怎么教的问题。治理服务的现代化水平和校园学习环境的智能化水平是信息化教育教学的支撑，解决的是如何保障教与学的问题。围绕着"一中心、两构建、三提升"，我们提出了每个任务的愿景、问题和对应措施。

下面将介绍五大主要任务规划的框架，并以提升教师的信息化教学能力为例具体展开介绍。

1. 构建信息技术深度融合的现代化课程体系

我们希望构建的现代化课程体系要在理解中华优秀传统文化传承、培养学生完善人格的基础上，着力发展学生的高级思维能力、适应时代的自主学习能力与创新能力。为此，我们需要致力于持续深化课程改革，搭建学生核心素养落地的坚实平台。

在课程体系部分，我们需要重点解决的问题是创新融合智慧型教学模式，匹配现代化课程发展的需求；完善线上线下融合的混合式教学模式；重构现代化课程体系中的教学评价。针对这三个问题，我们在规划中提出了相应的工作措施。

2. 构建数字资源开发与应用体系

针对数字资源开发与应用，我们希望以学生的发展为中心，完成数字资源开发服务重心从教到学的转型，聚焦数字资源开发队伍培育建设，探索区际数字资源融合共享机制。

3. 提升教师的信息化教学能力

我们的愿景是教研、科研、培训三结合，建构精准、实效、富有激励性的教师信息化教学能力培养体系，全面促进信息技术与教育教学的融合创新发展。

为了实现这个愿景，我们要从三方面着手：一是深化教学模式的融合创新；二是建构混合式的教师研修方式；三是探索建立教师信息化教学能力培养路径。

从目前采用的教学模式来看，我们已经基于学习共同体和单元主题教学开展了一系列课堂改革，如"一体四翼""一主四辅"的教学模式、跨地区实景教学。

比如，对于跨地区实景教学，在通用技术课上，三位教师协作上课。

在讲到牌楼的斜木时，一位教师在户外连线，利用实景展示古建筑牌楼的斜木结构，有效激发了学生的学习兴趣，加深了学生的理解。

我们还尝试推行以活动任务牵引、线上社区交互的新型跨学科教学模式，推行多元评价的精准教学等。

我们已经进行了一系列尝试，但教学模式的基本范式还有待进一步完善，信息技术融合提高教学的实效性也有待提升。

针对教师的信息化教学能力提升，我们开展了诊断调研。在多媒体教学环境下，教师的能力发展需求主要集中在数字教育资源管理、评价数据的伴随性采集上。在混合式学习环境下，教师的能力发展需求主要集中在探究型学习活动设计、档案袋评价、微课程设计与制作。在智慧学习环境下，教师的能力发展需求主要集中在跨学科学习活动设计、创新解决问题的方法与创建数据分析微模型上。

4. 提升治理服务的现代化水平

现代学校有效治理的核心应是基于组织的科学决策和管理优化。对此，我们的愿景是全面提高利用大数据支撑保障教育管理、决策和公共服务的能力，提升管理效率、改善教学效果、汇聚团队能力，支持集团的现代化发展。

在治理方面，我们需要重点解决的问题是建设智能、生态、开放的统一数据中心；提升管理品质；提供个性化教育支持和综合性评价。

5. 提升校园学习环境的智能化水平

以学习者为中心的智能化教学支持环境是实现教育现代化的基础设施。我们的愿景是借助 5G 和物联网，将校园环境、设施、终端、平台有机结合起来，并通过将新技术赋能融入校园环境建设，构建智慧学习支持环境，以动态精准的方式为全校师生提供更加人性化的学习和生活服务。

我们需要重点解决的问题是建设安全健康的校园学习环境和新型网络基础设施。

(三)保障措施

我们基于多媒体教学、混合式学习、智慧学习对保障措施进行如下分类。

1. 阶段研判与发展策略

基于系统的教师需求与现状分析，我们将多媒体教学定位为模式总结提升阶段；问题解决路径是优化。我们将混合式学习定位为实践梳理、模式建构阶段；问题解决路径是完善。我们将智慧学习定位为实践探索、经验梳理阶段；问题解决路径是探索。

2. 培训与总结措施

在模式总结提升阶段，我们侧重实践中的指导，基于经验分享的交互式培训，进行通用模式标准的制定和分学科模式的探索总结。在实践梳理、模式建构阶段，我们注重薄弱能力的研修课程开发，以及不同课型下基础实践模式的总结。在实践探索、经验梳理阶段，我们组织基于薄弱能力理解的课程培训，注重总结先行者团队的实践经验，探索有效的实践路径。

3. 展示与交流措施

在模式总结提升阶段，我们注重活动的主体，面向全体教师。在实践梳理、模式建构阶段，我们注重优秀实践教师的引领。在实践探索、经验梳理阶段，我们注重实验团队的研讨交流。

五、围绕集团信息化 2.0 开展教师校本研修

基于集团信息化 2.0 规划，我们从研修目标、评价方式与管理机制、研修内容三方面对教师校本研修方案的制定进行具体介绍。

(一)研修目标

我们根据《教育部关于实施全国中小学教师信息技术应用能力提升工程 2.0 的意见》《全国中小学教师信息技术应用能力提升工程 2.0 整校推进实施指南》《北京市中小学教师信息技术应用能力提升工程 2.0 实施方案(试行)》的指导思想，确立了集团信息化的研修目标。

集团信息化的研修目标为通过全员培训，基本实现"三提升、一全面"的总体发展目标：校长信息化领导力、教师信息化教学能力、培训团队信息化指导能力显著提升，全面促进信息技术与教育教学的融合创新发展。

在教师校本研修过程中，我们基于《中小学教师信息技术应用能力测评指南》的要求，以能力导向、面向实践、关注差异、精准测评为研修思路。

能力导向、面向实践意味着我们要从实际出发，以教育教学发生的实际问题，唤醒教师成长的自发性。关注差异意味着我们要关注教师的发展阶段，尊重基于诊断定位的教师能力现状，包容不同教师的特点和个性化

发展需求。精准测评意味着我们为深化教师的"做"与"学"，特别强调反思和评价对于做与学的深化与联结作用，并基于反思和实践开展有针对性的评价。另外，我们特别强调学以致用、评以致用，强调边用边学，在新的能力理解基础上返回实践去发展能力。

在这样的思路下，我们对教师校本研修落地进行了思考。信息化 2.0 和信息化 1.0 相比，更关注如何在教育教学实境中应用信息技术的问题，最终要看是否能将技术学以致用，并在学生学习和学校发展方面有所贡献。但"学"和"用"也就是学习和实践当中怎样搭起一座桥梁？学和用仅仅是先学后用的顺序吗？信息化 2.0 提出了 30 个微能力点，这些微能力点对于教师来说从概念上讲比较陌生。怎样能够让教师深入理解和应用微能力点，怎样去唤醒教师理解和应用的自发性？

我们思考的是学和用的相互促进、彼此深化；但是在学和用的过程中，反思和评价必不可少。自我反思是与自我的对话，团队评价是与他人的对话。在学习和实践中，教师只有不断与自我和他人对话，才能更深刻地发现和理解自己的真实问题。有了真实问题，教师才会自发地去学，在实践中利用信息技术改善教学方式。

(二)评价方式与管理机制

教师校本研修应采取以评定教的方式，充分发挥评价的实施前导向功能、实施中管理诊断功能、实施后指导激励功能。

我们怎样通过科学有效的方式对校本研修进行考核？我们应从学习的过程性材料、教育教学应用设计方案、教育教学活动视频、教育教学应用反思等方面对教师校本研修进行有效的评价。这是教师校本研修中需要考虑的关键问题。

一方面，我们在研修过程中融入评价，坚持以评促学、以评促用的原则。另一方面，我们发现每位教师在研修前的信息化应用水平是不同的，不能以相同的尺子去判断教师的能力是否达标，而要强调尊重个体差异，关注教师在原有基础上的发展和提升，重视教师在研修前后的能力对比。

为了实现以评促学、差异化发展，我们通过线上、线下混合式研修，将过程性评价和结果性评价结合起来，力图对教师校本研修和能力提升进行综合性评价和展示。

我们会对教师校本研修的阶段性成果进行评价。针对信息化教学设计、课例、反思等，我们研制不同的评价量表，开展教师自评、同伴互评、专家评价、集团评比，从多种、多元、多维的角度更全面地对教师校本研修成果进行评价。

在教师校本研修中，我们基于平台支持，对评价数据进行伴生性采集，开展过程性评价。传统线下研修很难去量化教师的参与程度。但是在混合式研修中，我们可以借助网络研修工具，采集教师校本研修的全过程数据。这些数据的留痕与可视化呈现让教师在校本研修过程中的努力都能得到充分显化，从而提升教师的参与度。

在教师校本研修实施中，我们利用集团信息化校本研修教师发展数据管理窗口，开展管理诊断，有效把握整体进度；查看各学科研修共同体的研修过程，以数据驱动诊断问题，并为校本研修提供有针对性的干预支持。

过程性评价和结果性评价的数据支撑与数据管理窗口的应用助力校本研修考核更加科学，校本研修组织管理更加便利。

为了保障教师校本研修的顺利开展，我们创建了管理者、指导专家、第三方专业技术支持团队、学科教研组组长、学校信息化应用骨干组成的项目管理团队，分工协同，形成了教师校本研修的组织管理支撑。

(三)研修内容

在具体研修过程中，我们坚持以人为中心，设计了六类研修共同体。

一是管理者共同体、先行者共同体，重点提升信息化领导力和信息化指导能力。

二是学科教学共同体、德育管理共同体，重点提升信息化教育教学能力。

三是技术社群共同体、服务行政共同体，重点提升在集团行政管理工作中的信息技术运用能力。

我们重点对先行者共同体的组建进行了设计。在集团合作研修共同体营造的大背景下，先行者共同体的组建借鉴了创新型组织中的"重混"的思想，将具有差异优势的三类教师——负责组织管理的教师、具有学科教学优势的教师、具有信息技术优势的教师加以组合，实现了包容、对话。

从创新层面看，新价值往往来自将不同的思维模式和能力组合在一起。在信息化2.0的时代，单一的优势不足以支持创新，我们需要将具有差异优势的教师进行重新组合，基于集团的合作研修共同体文化激发他们去对话，进而突破瓶颈，创造出新能力和新价值，以他们的成长再去示范带动其他教师。

研修划分为六个阶段，围绕着管理者、先行者、教师三个层面展开。

管理者的主要职责是规划、管理和评价；先行者负责研修计划的落地实施，先于教师进行实践，起到示范引领的作用；教师的研修体现了实践、反思、评价、学习、自主选择的校本研修设计框架。

1. 开展校长领导力培训

2020年1月，我们组织集团和集群的管理者开展了先期研修。

我们邀请专家从政策理解、整校推进规划等方面进行了培训；并且以此为基础，分析集团的实际情况，开展集团信息化发展规划设计。

2. 教师校本研修预热及组建先行者团队

线上教学开展一段时间后，教师在信息化教学方面做了很多探索，包括软件工具的应用、在线教学模式、家校沟通方法等。我们组织教师进行了反思，形成了在线教学分析报告，进行了评价互动。

这个过程不仅为了总结教师的经验，还唤醒了教师学习和实践新技术的自发性。这其实是在为信息化教学研修做预热。信息化2.0微能力对于教师来说是比较陌生的概念。如果直接去学习能力评价标准，教师可能会因为难以与实践相结合，导致学习效率低下。但是，我们从线上教学实践的反思切入，让教师能真正做到在真实的教学实践中思考教育教学的挑战问题，在解决问题和自我对话的过程中激发信息化教学研修的内驱力。为此，教师从实际出发，进行深度思考，为下一步学习做准备。

提交在线教学分析报告后，我们开展了报告的网络评比活动。评比的意义不仅在于以评促学，还在于遴选出培训者，组建先行者团队。

以往教师校本研修都是以教研组、年级组为单位进行组织，由学科骨干教师提供专业指导。在常规教学中，可能大部分问题教研组组长、骨干教师都能解决。但涉及信息技术应用教学时，教学名师未必具备相应的经验、能力。所以，我们需要遴选出一批懂技术、会应用的教师，和教研组组长、骨干教师去对话，完善现有教学方式方法，以碰撞出新的火花。

在线教学分析报告评选分成组内互评推优和集团评价。每位教师都参与进来，不仅根据量表去评分，而且针对在线教学分析报告提出了建议。在共同体里，教师有思考、有讨论，在评价的过程中也相互学习了经验。

基于评比中各学段的获奖教师，我们筛选出了那些信息技术应用得好、参与度高并且能讲明白的教师，再去逐一沟通，确定了先行者团队中各学段的信息技术骨干。

针对组织型、教学型、技术型的先行者，我们开展了线上会议培训，提供了分级分类的学习资料，涵盖政策和理念解读、微能力分析、考核方式等主题，提供了课程学习资源，如全国中小学教师能力提升工程研训资源，以保证这些先行者能够系统地对开展信息化2.0背景下的信息化教学起到示范引领作用。

总体来看，我们以实践反思唤醒教师成长的自发性，以评价促进对话、包容差异，激发教师的深度学习。

3. 聚焦教师的需求，基于调研制订计划

有了坚实的先行者团队后，我们开始聚焦教师的实际需求，基于教师的实际需求制订研修计划。

在学科教学方面，我们要求每位教师以"2＋1"的模式选取微能力点。

每个教研组基于教学模式参考，选取 2 个微能力点作为必修；每位教师再根据自身情况，选取 1 个微能力点。"2＋1"的模式确保了在共同提高的基础上每位教师的差异性和个性化需求得到了尊重。

微能力点怎么选？教研组的两个微能力点如果是由教研组组长确定的或组内基于经验讨论确定的，难以提取大多数教师的共性需求，教师能理解吗？为了解决这个问题，我们从集团层面，以各个教研组为单位，开展了诊断调研。每个教研组组长可以看到本组的教师能力需求调研结果与教师能力需求画像，并且和集团整体数据进行对比，分析本组的优势和发展点。

在集团调研数据的支持下，教研组组长进一步组织开展基于需求调研的组内研讨和自发性的补充调研。例如，初中语文组教师针对微能力点和研修计划开展了讨论和调研。从这里我们可以看到，在集团研修中，我们鼓励共同体教师基于开放式的校本研修空间自发组织研修，实现个性化的成长。

最后教研组组长汇聚集体的智慧，基于调研数据、组内研讨和学科特点，选择学科组必修的微能力点，制订后续行动计划。

在整个过程中，教师都参与了决策，制订的计划反映了大家的共同想法，聚焦了教育教学中融合技术应用面临的实际挑战；教师也更加明白校本研修要做什么、怎么做。这实际上唤醒了教师校本研修实践的自发性和内动力。

除了学科教学共同体之外，我们的德育管理共同体、技术社群共同

体、服务行政共同体也是以学、思、评、做相结合的方式开展校本研修
的。这里不再详细介绍。

4. 基于教师反思，深化对微能力的理解

教研组在确定 2 个必修微能力点后，要求教师选择自己选修的 1 个微
能力点。

虽然教师都参与了教研组计划制订，但是在选择微能力点的时候可能
还是会遇到困难。我们需要给教师提供脚手架。基于之前撰写的在线教学
反思记录，教师再次基于微能力点标准进行反思，提炼出实践中遇到的核
心教学问题对应的微能力点，基于标准框架补充之前实践反思的盲区，有
针对性地选择选修的微能力点。

教师从初步了解微能力到结合实践反思，对照标准选择选修的微能力
点。教师得以在做、思、学的过程中进一步理解自己，有效地开展微能力
点的学习和实践。这种个性化选择体现了对教师差异的关注和尊重。

5. 开展信息化教学实践

根据北京市的相关教育文件，教学实践需要完成三方面的成果，包括
设计方案、实践展示和应用反思。尤其是要求对教育教学中应用信息技术
的关键事件进行分析。

据此，我们制订了信息化教学实践的计划。我们的先行者已经提供了
初步的样例。

研修的重点在于课例研究。尤其是针对特定信息化教学环节，教师去
分析、去碰撞思维，聚焦微能力点，避免出现泛化的研究。

在这个过程中，我们仍然遵从以评促学、边用边学、学为所用的思

路，力争做到精准测评、差异发展。

6. 研修总结

一是探索教师信息化教学能力发展的规律。我们根据过程性数据和阶段性成果，基于研修系统行为与评价数据梳理教师的信息化教学能力发展轨迹，联合数据分析专家团队，结合数据分析和典型个案研究，探索提炼教师信息化教学能力的优化提升路径。

二是形成系统化的教师培训资源。我们基于研修系统支撑，在校本研修过程中伴生性地留存教师的生成性实践成果，和专家培训资源相配合，形成适合教师开展校本研修的系统化的培训资源。教师后期可以因应实践需求，借助研修平台的资源树，调用相关培训资源，边用边学。

三是形成研修管理模式。我们建立了集团信息化校本研修教师发展数据管理窗口，建立了教师成长档案，给予教师反思的佐证。我们基于研修平台行为数据与多元多维的评价数据，逐步完善对研修团队基本情况、各校研修情况、学科组组间微能力发展画像、学科组组内能力发展差异情况的分析。

我们对各学科组研修情况、教师校本研修学习情况、教师校本研修活动参与情况、教师校本研修成果资源生成情况等八个维度的教师发展数据进行动态汇聚，以辅助信息化管理团队与培训指导团队，动态优化研修方案，及时基于过程材料开展远程指导与优秀实践的分享，助力精准施策。

教师校本研修着眼于信息化发展规划教师教学任务的落地；教师校本研修计划的实施能回应信息化发展规划的目标，解决信息化发展规划中的问题。教师校本研修计划的实施也能促进我们对信息化发展规划进行反思和优化。

我们坚持以人的成长为核心，以解决教育教学实践问题为导向，探索信息技术融合环境下的教与学。我们提倡在实践和反思中唤醒教师成长的自发性，在对话和碰撞中鼓励教师的创造性和个性化发展，在信息技术与教育教学的融合创生中激发和促进学生的成长。

六、建设"一体两翼"多样化协同育人体系

紧紧围绕建设方庄地区高质量教育发展体系，我们以市级示范性高中为引擎，以集团和集群为两翼，以多样化协同育人体系建设为依托，探索"一体两翼"多样化协同育人体系，积累了比较丰富的经验。

"一体两翼"多样化协同育人体系中的"一体"指的是十八中，"两翼"指的是集团和集群。多样化协同育人指的是以共同体的方式，贯通学段、整合学科、全员育人，实现德智体美劳全面发展。共同体既包括学生与学生、教师与学生、家长与学生、教师与家长等结成的学习共同体，也包括学校与高等院校、科研机构、教育机构等结成的发展共同体。

集群成员校的优质教育资源实现了共享，既促进了成员校的发展，也促进了集群教育的均衡发展。这是一个得到实践检验、获得国家教育体制改革领导小组以及市区政府肯定的创新性成果。为此，我们进一步推进"一体两翼"多样化协同育人体系建设，以期更好地贯彻全国和北京市教育大会精神，落实《国务院办公厅关于新时代推进普通高中育人方式改革的

指导意见》，创造性地实施《北京市关于深化育人方式改革推进普通高中多样化特色发展的意见》，在高质量教育体系建设中再立新功。

（一）实施优势和条件

1. 教育高质量发展成效显著

近年来，集团教育质量持续提升。集团从推进小、初、高学段的共同教研着手，逐步推进各学段的有效衔接，在多样化协同育人方面取得了长足的进展。

集团全面落实立德树人根本任务，遵循人才培养规律，特别是遵循基础学科拔尖创新人才成长规律，通过导师制、学习组织变革、学习方式创新等方面的探索和早进课题、早进实验室、早进团队培养方式的实施，促进了集团学生整体素质的持续提升。

集团成为全国青少年校园足球特色校、全国青少年校园冰雪运动特色学校、北京市培养创新人才翱翔计划基地校、北京市中小学科技教育示范学校、北京市教育信息化融合应用示范基地、北京市"模拟政协"实践基地校。这些资源优势成就了集团协同育人途径的多样化。

集团的金鹏科技团在科技创新拔尖人才培养上成效显著，在学科奥林匹克竞赛中位居北京市前列，创下了多项集团和区域的新纪录；集团的新音乐教育素质实验纳入北京市统招。

2. 共同体理念及实践成果丰富

（1）共同体理念深入人心

党的十九大报告提出了系统的三个共同体的顶层设计。一是倡导构建人类命运共同体，促进全球治理体系变革，为世界和平与发展做出新的重大贡献。二是全面贯彻党的民族政策，深化民族团结进步教育，铸牢中华民族共同体意识，加强各民族交往交流交融，促进各民族像石榴籽一样紧紧抱在一起，共同团结奋斗、共同繁荣发展。三是人与自然是生命共同体，人类必须尊重自然、顺应自然、保护自然。人类只有遵循自然规律才能有效防止在开发利用自然上走弯路。人类对大自然的伤害最终会伤及人类自身，这是无法抗拒的规律。

在集团、集群的协同育人实践过程中，我们对共同体理念的领会是逐步深入、逐渐全面的。在集群起步阶段，面对各成员校的办学需求，尤其是幼儿园、小学的大型活动场地短缺等问题，如何把兄弟单位之间的借用关系转变成为合作关系引发了我们的思考。于是我们确立了资源共享的信念和行动。因此共同体理念从合作关系走向共享关系，随后从共享关系走向共建、共享、共赢的关系。党的十九大报告提出的三个共同体极大地提升了我们对共同体的认识水平，极大地拓展了我们对共同体的认识范畴，使共同体理念深入每一位集群人的内心。

（2）共同休实践稳步推进

基于对共同体的认识及共同体理念的提升，集团领导集群的共同体实践总体经历了两个阶段。

第一个阶段重在推进物质资源的共建共享，实现集群成员校的发展共赢。经过调查发现，集群早期成员校之间在办学资源上存在的差异较大。无论是物质资源、人力资源和课程资源，还是公共关系资源、获得各种许可的制度资源，都存在明显的差异性或互补性。为此，集群推出了资源共享清单，重点推进了区域性办学资源的共享。

第二个阶段重在推进制度的共建共赢，实现集群成员校的教育智慧共享。经过调查发现，集群成员校需要在办学特色上有效衔接，形成协同育人的格局。为此，集群大力推进了以满足学生全面而有个性发展的需求为导向的课程建设，初步建成了以普通教育与职业教育为主的横向贯通，从学前教育到高中教育的纵向衔接，学校、家庭、社会教育的纵横融通的课程体系。与课程相配套，集群建立了卓越班主任发展研究中心、家长智慧交流中心等，实现了跨校、跨年级、跨班的选课。

（3）共同体实践成果获得社会认可

经过多年的探索实践，在新时代发展共同体理念的引导下，秉持共建、共享、共赢的原则，集团各成员校完全实现了"三统三共"的协同育人流程，即统一校本研修，实施跨学段、跨校区的共同研修；统一教学计划进度，实施跨学段、跨校区的共同教学研究；统一育人方式，实施共同开发的课程。与此同时，集团充分发挥教师的自组织作用，鼓励他们自主实施协同育人。

同时，集团作为集群龙头校带领其他成员校探索了共建、共享、共赢的发展模式，建立了区域统筹的横向整合、纵向衔接、职普融通的育人体系，初步形成了集群的协同育人模式。教育资源的共享不仅促进了成员校办学特色的发展，而且促进了成员校办学特色的衔接，满足了学生多样化特长发展的需要。

（4）时代发展促使反思求变

面对新时代社会发展的变化，我们深知要准确识变、科学应变、主动求变，对现有"两翼"协同育人体系进行了反思。

集群以集团的市级示范性高中为牵引力，重点推进了从幼儿园到高中的品德教育流程、足球教育流程、自然科学教育流程、音乐教育流程的优化，旨在提高学段教育的有效衔接。但是，与早期设计的集群协同育人目标相比，集群协同育人由于体量较大，尚存在协同还不够紧密，衔接还不够深入，流程不够完备，工作不够流畅，走校选课不够顺畅等不足，导致一批具有创新人才潜质的学生没有得到及时发现、适时培养。

3. 学习共同体已经基本成熟

从2017年起，十八中便率先引入了佐藤学教授的学习共同体理念，全面进行了课堂教学改革。学习共同体凸显了自主、合作、探究学习模式，充分保障了学生学习主体地位的落实，促进了核心素养课程目标的达成。十八中的课堂已经成为师生平等的课堂、和谐共进的课堂、积极思维的课堂、相互倾听的课堂、协同学习的课堂、合作探究的课堂、共同创造的课堂，以让学生真正成为课堂的主人和学习的主人。

4. 借鉴国内外经验坚定信心

(1)高中多样化发展成为世界趋势

上海市的高中教育基本上形成了以复合型特色(包含两种以上的特色)为主、以单项特色为辅的格局。较受关注的特色首先是人文特色，其次为艺术特色和科技特色。江苏省建设了综合改革高中、学科创新高中、普职融通高中以及国际高中。湖南省建设了特色高中、综合高中等。

（2）高中创新育人方式成为世界趋势

在高中多样化发展的格局下，如何创新育人方式成为高中发展的关键。我们综合研究发现，世界上高中创新育人方式主要体现在如下两个方面。

一是着力从专业方面推进多样化发展，打造协同育人方式及其竞争力。美国普通高中基于自身的办学实力，重点开设某些专业领域的大学先修课程。这在无形之中让这些普通高中呈现了某些专业特色。俄罗斯将专业式教学作为促进高中特色发展的重要着力点。专业式教学旨在让高中学生根据自己的兴趣爱好和发展意向选择一两门或两三门课程加强学习。不同学校所侧重的专业有所不同，进而形成了自己的特色。英国的中学可以申请在数学与计算、科学、工程、艺术、体育、语言、商业与娱乐、技术、人文、音乐这十个专业领域中的某一个领域发展成专门学校，以满足不同学生的兴趣和学习需求。

二是向上下延伸推进协同发展，巩固协同育人方式及提升竞争力。美国蓝带中学发挥自身的办学优势，向小学提供智力支持乃至直接面向小学生授课，以打牢高中协同育人的根基。比如，马里兰州的伍顿高中作为美国蓝带中学和学区优质高中在艺术、科学、世界语言三方面实现协同育人。其中，伍顿高中向学区 17 所小学的学生提供西班牙语、汉语、法语的教学服务，学生都是通过学区英才儿童教育中心选拔出来的。英国、法国、日本的高中也都采取了这种类似的方式打牢特色教育的根基。

(二)指导思想及基本原则

1. 指导思想

我们系统学习、深刻领会、创新实践习近平总书记提出的"人与自然是生命共同体""构建人类命运共同体""铸牢中华民族共同体意识"的理念，全力以赴履行高质量发展阶段的时代使命，优质服务首都"四个中心"的建设，按照"丰台区要上台阶""未来风光看丰台""妙笔生花看丰台"的要求，立足自身基础，以高中多样化特色发展为契机，扎实推进集团的育人方式改革，优化"一体两翼"的育人流程，强化"一体两翼"的育人特色，促进集团、集群的办学质量协同提升，促进一批具有创新人才潜质的学生脱颖而出。

2. 基本原则

(1)共同体发展

在集群日益深入人心的基础上，我们加强共同体发展的思想建设、制度建设和机制创新，推进以知促行、以行求知的共同体建设。

(2)协同育人

共同体建设的出发点和落脚点都旨在协同育人，使学生跨校选课更加顺畅，使教师跨校授课更加深入，使师生在集团和集群平台上的成长更加精彩。

(3)结构再优化

无论是成员校办学特色的衔接和生态化特色的培育，还是教师专业成长和学生的必备品格、关键能力的培育，课程结构、资源结构、教学环节等的再优化，都不断促进共同体建设与时代发展需求和城市功能建设相匹配。

（三）计划目标及要点任务

1. 计划目标

我们以集团为龙头，以集群为涵养体，进一步优化"一体两翼"的育人流程，进一步完善横向贯通、纵向衔接、纵横融通的课程体系，扩大"一体两翼"生态化特色教育的育人格局。简言之，我们要打造以集团、集群为两翼的区域协同育人共同体，为国家输送更多德智体美劳全面发展的新生，为国家青年英才培养基地输送更多的创新拔尖苗子。

2. 要点任务

（1）多样化协同育人的课程体系建设

我们秉持以课程建设打造协同育人方式的原则，在已有的学段衔接、贯通培养的课程体系和横向贯通、纵向衔接、纵横融通的课程体系的基础上，进一步打造贯通培养、融通培养、协同培养的"一体两翼"培养课程体系。

①贯通培养系列课程。我们以集团语言教育课程为主体，依托与北京外国语大学合作的小语种人才协同培养课程、集团集群基于学科的融通培养课程，打造集团以市级示范性高中引领的语言创新拔尖人才贯通培养课程；以集群的科学教育课程为主体，依托与航天机构合作的协同培养课程、集团集群基于学科的融通培养课程，打造集团以市级示范性高中引领的科技创新拔尖人才贯通培养课程；以集群的三所全国青少年校园足球特

色学校为主体，依托与国安金冠足球俱乐部和北京体育大学合作的协同培养课程，打造集团以市级示范性高中引领的足球创新拔尖人才贯通培养课程。

②融通培养系列课程。我们继续深入推进融通课程建设，即大力推进学科融通课程建设，促进学科内融合、学科间融合乃至超学科融合；提升学科课程贯彻落实"五育"功能的能力，即依托集团学科教师，组织集群中小学教师开发基于学科课程的职业生涯教育、理想信念教育、公民道德教育和"三爱"（爱党、爱国、爱社会主义）教育的课程。

③协同培养系列课程。我们根据基础学科拔尖学生培养试验计划提出的早进课题、早进实验室、早进团队的培养方式，与北京青少年科技俱乐部合作开发金鹏科技团课程，与中国运载火箭技术研究院等合作开发拔尖人才早发现早培养课程，与中央音乐学院合作开发新音乐教育课程，与国安金冠足球俱乐部等合作开发青少年校园足球教育课程。

(2)"一体两翼"多样化协同育人流程的优化

①"一体两翼"多样化协同育人的特色项目开发。现阶段重点开发语言、航天、足球三个特色项目。集团与北京外国语大学合作，打造协同的语言教育体系，着力培养适应首都"四个中心"建设需要的小语言专业后备人才。集团以金鹏科技团为主体，与中国运载火箭技术研究院等合作，着力培养航天后备人才。集团以十八中、十八中附属小学两所全国青少年校园足球特色校为主体，与北京体育大学、国安金冠足球俱乐部合作，着力培养足球后备人才。

②"一体两翼"多样化协同育人的生态系统建设。我们以集团的市级示范

性高中多样化特色发展示范计划为主体，以集群特色学校为引擎，引导集群成员校立足自身传统、历史积淀、学校文化、办学优势和条件资源，找准发展定位，促进集群幼儿园、小学、初中和高中发展成优质特色学校。

③"一体两翼"多样化协同育人的涵养生态建设。我们继续完善与中国科学院、中国航天科工集团第二研究院、北京理工大学、国安金冠足球俱乐部、北京体育大学、中国棋院、聂卫平—葛玉宏道场、中央音乐学院等单位的协同培养机制，着眼于特色课程开发、教育资源共建，着力提升普通高中教师的素养、学生的创新意识和创新实践能力，协同培养创新人才。

④"一体两翼"多样化协同育人的流程再造。我们深入总结集团、集群以学段有效衔接及特色衔接为核心和以跨校选课、跨校走教为机制的协同培养经验，尤其是足球教育的小学、初中、高中、大学（职业俱乐部）的协同培养，科学课程的幼儿园、小学、初中、高中的协同培养，音乐教育的小学、初中、高中、大学的协同培养，职业教育的小学、初中、普通高中、职业高中的融通培养，进一步完善以集团和集群为平台，以协同培养、融通培养为两翼的区域协同培养流程，探索打通幼儿园、小学、初中、高中学段的机制，探索小学、初中、高中直升和贯通培养育人模式。

（3）"一体两翼"多样化协同育人的体制机制创新

①创新探索"一体两翼"多样化协同育人的体制机制。集团将紧紧围绕优化人才培养的"一体两翼"流程开展体制机制创新实践，重点推进学校的人事、经费、课程、评价等方面的优化，进一步激发办学活力。尤其是进行以集团跨学段选修、集群跨学校选修的学分制度建设为主的协同培养评

价制度建设。

我们特向区、市两级政府申请赋予集团以下几个方面的权限：一是明确集团小学、初中、高中的贯通培养育人规模。二是明确集群小学、初中、高中的贯通培养育人规模。三是明确作为市级示范性高中在北京全市招生（包括指标到校）的规模及在语言、科技、体育三个方面的自主招生政策倾斜；同时依据发展的三个特色，希望赋予一定的自主设置岗位、自主聘用教师的权限。

②创新"一体两翼"多样化协同育人的龙头建设机制。集团发挥市级示范性高中的优势，引领集群创新实践取得了长足的发展。为了打造区域性协同培养的教育共同体，我们需要在探索实践的基础上从政策、财政等方面支持集团建设高质量特色高中，同时带动集群成员校高质量特色发展。

③实施"一体两翼"多样化协同育人的国际比较研究。在协同培养方面，欧美等发达国家积累了比较丰富的经验。我们借鉴了它们协同培养的部分经验，如大学先修课程、学区制、教育集群等。但是，我们对于协同培养的国际比较研究缺乏系统性。为此，集团组织力量，瞄准世界教育发达国家持续开展比较研究，剖析世界一流高中多样化特色发展的经验和人才培养模式，博采众长，借鉴吸收转化，加快促进普通高中教育教学、学校样态、评价方式、学习方式等的深度变革，促进区域性协同培养的格局完善和质量提升。

（4）"一体两翼"多样化协同育人的保障措施

①加强"一体两翼"多样化协同育人的组织保障。集团党委、集群各成员党支部发挥核心堡垒作用，做到三个确保：一是确保方向正确，全面领

导区域性协同培养工作。二是确保依法办学，尤其在相关项目决策上严格遵守"三重一大"政策。三是确保每位党员和积极分子在区域性协同培养工作中发挥先锋模范作用，完善和深化集团理事会和集群理事会、监事会在制度机制创新实践中的作用。

②加强"一体两翼"多样化协同育人的技术保障。在集群云平台提供的课程资源库的基础上，我们充分发挥集群作为全国中小学教师信息技术应用能力提升工程创新培训平台的功能，吸取全国教育信息化的先进经验，进一步完善满足区域性协同培养工作需要的选修课程共享资源库和跨校选课管理平台以及相关技术支持。

③加强"一体两翼"多样化协同育人的经费保障。由于集团的优质资源不是仅供一所学校使用，而是各成员校共享使用，因此在促进资产和经费使用效率大大提高的同时，我们需要公共财政按照资源使用学生的数量核准维护经费额度。与此同时，在政府的指导下，集团和集群继续依托开放性发展机制，开拓物质资源、人力资源、课程资源等方面的投入机制。

七、课程育人中立德树人的思考与探索

为全面贯彻党的教育方针，十八中围绕"健康的体、温暖的心、智慧的脑、勇敢的行"的育人目标，以《中共中央　国务院关于深化教育教学改革　全面提高义务教育质量的意见》《中小学德育工作指南》为指引，聚焦立德树人根本任务，坚持"五育"并举，系统架构"聚·宽教育"育人体系，创新落实六大育人途径，充分挖掘学生的主体性，积极引领学生知行合

一，为学生的终身发展奠基。

(一)"聚·宽教育"育人体系的架构

十八中建校以来始终坚持涵养独特文化，不断释放优质资源，为优化丰台区东部地区教育贡献自己的力量。这个过程奠定了十八中自主、开放、合作、创新的文化基因，成为十八中发展的不竭的文化源泉。"君子学以聚之，问以辩之，宽以居之，仁以行之"启示我们如何做学问和做人做事，非常符合培养中小学生的教育旨归和十八中当前发展的形势。我们在继承中华优秀传统文化精神，表达修身治学宽厚之德的基础上，立足十八中在集团、集群中的角色地位，彰显凝聚、共享、开拓之道，提出了"聚学问辩，宽居行仁"的校训。

结合校训，我们中提出了"聚·宽教育"的办学思想。"聚·宽教育"包含着健康、温暖、智慧、勇敢四个基本要素，分别指向培养人的体、德、才、行四个方面。因而，我们的育人目标定位为培养具有健康的体、温暖的心、智慧的脑、勇敢的行的优秀青少年。

结合"聚·宽教育"的办学思想以及实践，依据《新时代爱国主义教育实施纲要》等文件的精神，我们一体化架构"聚·宽教育"育人体系(见图4-1)。该体系围绕"立德树人"一个核心，"健康、温暖、智慧、勇敢"四个育人目标，"课程育人、文化育人、活动育人、实践育人、管理育人、协同育人"六大途径，"立艺微长、宽居尚仁、聚学致知、问辩至行"四维度课程群，充分挖掘学生的主体性，积极引领学生知行合一，大力提升学生的实际获得感，全面落实立德树人根本任务。

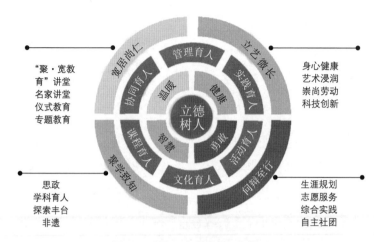

图 4-1 "聚·宽教育"育人体系

(二)"聚·宽教育"育人体系的实施

立德树人是学校教育的根本任务,课堂教学是学校教育的主阵地。只有把根本任务与主阵地有机结合起来,才可能真正做到课堂教学主阵地的高层次使用,才可能真正做到立德树人根本任务的高品质完成。学校落实立德树人根本任务有很多途径,但如果立德树人没有进入课堂教学,没有进入学科教学,立德树人根本任务的完成就难免流于形式或者失于肤浅。而如果课堂教学没有达到立德树人这个育人层次,特别是学科教学上升不到立德树人这个高度,学科教学就只能停留在学科知识传授这个层次。于是这样的课堂教学就成了学科知识传授的主阵地,在这个主阵地上就看不到学生能力的增进、核心素养的提升,更看不到学生德性的发展。

因此,不断思考探索在课程育人中何以践行立德树人,既是立德树人要求下对育人品质的时代追求,也是建设高质量教育体系、发展素质教育、促进教育公平的时代需要。

下面主要从"聚·宽教育"育人体系实施的重要途径——课程育人角度展开介绍。

1."四打造"做强思政课程

(1)打造一支铸魂育人的思政课教师队伍

思想政治理论课是落实立德树人根本任务的关键课程。集团党委坚持把思政课教师队伍建设作为办好思政课的关键工作，通过加强师德师风建设、构建思政教研共同体，以自我诊断为抓手，提升思政课教师的自我反思能力等措施，系统引导全体思政课教师成为有理想信念的优秀教师，增强铸魂育人的责任感和荣誉感。

(2)打造以学习者为中心的学习共同体课堂

思政课教师精心选择适合学生发展阶段的、源于真实生活的话题，以学习共同体的形式，组织学生课堂讨论、辩论、演法治剧、模拟人大，促进学生之间的沟通和思维碰撞，最后促使学生发现问题、解决问题。

(3)打造智慧思政课堂

思政教研组以市级课题"运用人工智能创设中学政治智慧课堂实践研究"为依托，不断创新课堂教学方式，通过阳光课堂、微课资源包、远程互动教学、希沃等软件打造智慧思政课堂，形成时政新闻播报阶梯教学模式、辩论式教学的操作模式，有效促进学生参与社会生活，增强学生的责任感、使命感。

(4)打造"行走的思政课堂"

定期组织学生有计划、有目的地参与综合实践活动，旨在延伸思政课堂至"行走的思政课堂"——社会大课堂。我们先后开展了"行走江南路，传承爱国时"综合实践活动、"走进二中院"以及模拟法庭、模拟政协等系列社团活动，促进学生在真实情境中去体验、去感悟、去成长。

2. "三着力"做实学科育人

学科育人就是以学科知识为载体，以育人为目标，挖掘学科的道德教育和人格养成价值，培养学生的核心素养。

为了更好地推进学科育人，在全体教师讨论的基础上，我们梳理总结了与学科育人同向同行的"聚·宽教育"课堂的九条价值追求以及学科育人的十五个挑战。基于以上内容，结合学校实践经验，学科教研组提出了实施学科育人的"三着力"，即给予一个深度思考的课堂载体，提供一个基于学科核心素养的独特视角，传递一份教师行为示范的经历。

为了将这"三着力"更好地落实到学科育人中，学科教研组基于学科课程标准，参考北京及其他地区的学科德育指导纲要，结合学科育人调研的数据结果，研制学科育人指导纲要。该指导纲要包含四部分内容。一是学科的独特价值。学科教研组通过调研梳理总结了学科的独特视角。二是学科的育人范畴。学科教研组以学科课堂为载体，结合实际进行研制，确定育人范畴。三是希望的传递。学科教研组结合调研和访谈，从经历传递的角度去写这部分内容。四是育人目标及教学建议。学科教研组综合性地将立德树人根本任务落实到学科教学安排中。

3. "四结合"提升融合课堂的育人效果

新课程理念下的课堂是一种以学习者为中心的融合课堂，是教室内课堂与教室外课堂深度融合的课堂，其最终指向立德树人、培养学生的核心素养。

我们推行的项目式学习就是一种典型的融合课堂学习。在融合课堂上，师生共同探索基于学科课程的综合化教学，开展研究型、合作式学习。

2021 年，我们开始参加丰台区的项目式学习试验，经过反复论证，制定了项目式学习实验三年规划，并确立了项目式学习与学习共同体改革相结合的高起点推进、与学校文化相结合的生态性推进、与学校办学特色相结合的顺势推进、与信息技术 2.0 相结合的智慧推进、与教育科研相结合的精准推进的原则，系统推进项目式学习试验。

在项目式学习试验过程中，我们通过大视野下融合式校本研修活动，建立了跨年级、跨学段和跨校区的学习共同体，在不同的学习项目之间进行相互联结，开发出了一批跨学科、跨学段的精品学习项目。

4."四维度"做精地方和学校课程

围绕"健康、温暖、智慧、勇敢"四个育人目标，我们对应开发了"立艺微长""宽居尚仁""聚学致知""问辩至行"四大地方和学校课程群，实现了育人的全员、全过程、全方位参与。

"立艺微长"课程群对应"健康"育人目标，包含身心健康、艺术浸润、崇尚劳动、科技创新主题模块，旨在以五育并举为载体，涵养学生的健全人格，促进学生健康全面成长。例如，我们联手丰台区职业教育中心学校逐步构建了横向贯通、纵向衔接、纵横融通的劳动教育一体化课程体系，有效实现了家庭、学校和社区的劳动教育"三融合"。心理教育中心实施了"春晖温暖计划"，有效促进了家长和学生间的互动。美育中心本着让艺术属于每一个学生的理念，开设了校本艺术选修课，丰富了学生的审美体验，拓宽了学生的人文视野。文体中心借助家长以及社区资源，开设了体育课外活动课，引导学生养成健康的生活方式，形成健康向上的健全人格。科技教育中心借助金鹏科技团航模分社的优势，为热爱航空航天领域且立志献身祖国航空航天事业的学生持续提供高质量的指导。

"宽居尚仁"课程群对应"温暖"育人目标，包含"聚·宽教育"讲堂、名家讲堂、仪式教育、专题教育主题模块，旨在让学生以宽厚仁恕之心待人接物。我们精心设计的系列仪式教育课程可谓"内外兼修"，内可以养心，培养学生的宽容温暖之心，培养学生的归属感和认同感；外可以修行，通过参与、表演、体验、反思，有效提升学生的家国情怀和责任担当。我们邀请名家走进校园，通过事迹报告、专题讲座、导师带教等多种形式，浸润学生，护航成长。名家以自己在某方面的深刻洞见和满腔热忱来引领学生的理想信念，为学生带来更丰富深刻的成长体验。

"聚学致知"课程群对应"智慧"育人目标，包含思政、学科育人、探索丰台、非遗主题模块，强调的是聚沙成塔式、持之以恒的学习研究，以此获取知识、感悟、智慧。"探索丰台"课程最初分为四个研究方向，即"探索方庄""草桥之旅""科技园区探索""访古大葆台——卢沟桥"，后来逐步把研究学习范围扩大为"探索我的家乡"等。"探索丰台"课程先后获得北京市青少年科技创新大赛一等奖、全国青少年科技创新大赛一等奖。另外，以卢沟桥传说、怪村太平鼓等多项非物质文化遗产为内容，方庄书院开发了中华优秀传统文化系列非遗课程。这些课程结合地域特点，以中华优秀传统文化涵养师生的价值观，增强学生的文化自觉和文化自信。

"问辩至行"课程群对应"勇敢"育人目标，包含生涯规划、志愿服务、综合实践、自主社团主题模块，旨在促进学生知、情、意、行和谐统一发展。生涯规划中心依据《聚·宽生涯教育方案》系统实施生涯规划，通过系列生涯班会课启发学生的生涯觉醒与探索，通过生涯人物访谈、线上线下职业体验、家长行业讲堂等活动引领学生进行职业探索与体验，通过对话大学招生官、生涯教育学长讲堂指导学生了解大学、专业与职业。我们已多次开展线上线下职业体验活动、家长行业讲堂活动、生涯教育学长讲堂活动。校团委、校学生会以及微光益志愿者协会联手开展系列"爱心义卖"捐助活动。"爱心义卖"捐助活动的范围已经扩大到整个集团，已举行过多次。学生社团开展的"每周一活动""每月一小节""每学期一展演""每学年一汇报"，为学生的全面个性化成长提供了广阔的平台。

八、十二年一体化育人模式探索

集团从学生的心理和成长逻辑出发，积极探索纵向连接、逐层深化的十二年一体化育人模式，有效地将核心素养融入各学段教育，实现了教育的连续性和一致性，在实践中取得了显著成效。

(一)低学段优秀教师高学段任教，解决师资结构性短缺问题

依据人口生育峰谷预测，未来几年，集团将与北京市多数学校面临相同的情况，即教师编制总量满编，小学教师超编，初中及高中教师缺编。

为解决集团内部师资结构性短缺问题，我们探索建立集团教师贯通发展盘点机制，建立选拔低学段潜力教师进行定向交流与培养的方式，超前规划引导教师进行高学段教师资格认定，待符合要求后安排至高学段任教，实现师资集团贯通配置。

(二)依托学科基地校本研修，加速群体性教师发展

集团下辖的各成员校基于禀赋特色都有自己优势的学科基地或学科领军教师。

为化解优质师资分布不均、中小学教研衔接不畅等问题，我们进一步整合集团内部优质资源，充分挖掘成员校的师资优势、课程优势、空间优势、合作优势，更好地统筹教师的个体性成长与群体性成长，激发教师的成长内驱力，实施基于"135"教师发展共同体的教师素质提升工程，推动集团教育质量的整体提升。

以学科基地为抓手，开展跨学段、跨学科融合集团校本研修的成效显著。例如，集团已多次举办市级项目式学习展示活动。集团在 2023 年第二十届上海教育博览会上做项目式学习经验分享；在 2024 年协办第五届全国学习共同体大会。

(三)建立柔性教师供给制，解决教师阶段性、校区性短缺问题

我们以拔尖创新人才学生流动推动教师合理流动，依据峰谷波动情况，实行师资逆向配置，安排擅长基础学科贯通培养的骨干教师从中学段转至小学段，陪伴人口出生波峰学段学生完成九年一贯的教育。

我们结合学校实际与教师个人专长，遵循集团内学校就近原则，灵活调整教师工作职责，扩大集团内走校的教学范围，支持并鼓励教师开展跨学科融合教学；通过柔性教师供应，解决学段学生峰谷变化导致的教师阶段性、校区性短缺问题。

(四)深化开发和实施一体化学习课程

我们开发和利用集团一体化学习课程管理平台，以支持学生从小学到高中的连续学习路径。该平台将集成学生的学习资料、评估记录以及个性化学习计划，以促进学生的全面发展。我们不断深化融合课堂建设，推进融合课程开发和实施，加强人工智能课程和科技、艺术、体育课程的融合。

我们建立集团学生成长数字化档案追踪机制，关注每一名学生的个性化发展，为学生每一个阶段的发展提供更精准的课程支持；跟踪学生的学习进展和成长发展，为学生提供个性化的建议。

(五)构建适应学生直升需求的管理机制

我们通过完善集团内部小学至初中、高中的直升管理机制与衔接培养机制，为学生提供平稳过渡的成长路径；简化和优化学生从小学到初中、从初中到高中的直升流程，确保直升政策的公平、公正和透明；提供更多的辅导和支持，帮助学生顺利过渡到下一学段。

九、幸福校园为学生的幸福人生奠基

幸福是人类永恒的主题，既是个体发展的精神追求，也是社会进步的价值旨归。教育的根本目的在于提升人类的生命质量，促进人类幸福的实现。幸福是教育的动力和最终目的。苏霍姆林斯基认为，教学大纲和教科书规定了给予学生各种知识，但没有给予学生最重要的东西，这就是幸福。理想的教育是培养真正的人，让每一个培养出来的人都能幸福地度过一生。这就是教育者应该追求的恒久性、终极性价值。所以，真正成功的教育是培养幸福的人，让学生感受到幸福，鼓励和激发学生追求幸福、创造幸福。我们把"为学生的幸福人生奠基"确立为办学理念，在这一理念的引领下共同奋斗，不断探索实践。

教师是让学生感受幸福、为学生的幸福人生奠基的重要引领者，教师获得幸福是学生获得幸福的重要保证。只有教师能够感受到生活充满希望、充满阳光，工作过程是一种享受，是自我实现的过程，才会用心去爱每一个学生，才会以乐观、开朗、积极向上的心态投入工作，才会用幸福去感染学生，才会创造出充满生命温暖的课堂，为学生提供优质的教育服务。也就是说，没有教师幸福地教，就不会有学生幸福地学。教师的最高教育境界是把教学当作幸福的活动。幸福的教师会把自己的幸福转化为一种责任、内化为一种行为。同时，学生幸福是对教师工作的积极肯定。所以学生幸福是教师幸福的重要来源。学生不幸福，教师也难以从教育中找到乐趣。教师的幸福和学生的幸福是融为一体、互为关联、和谐统一的，优质教育一定是建立在师生共同的既善又好的生活之上的。

正如特级教师张思明所说，看似平凡、单调的教育教学生活，也有探索、创造带来的神奇、感动、力量和美。但它常常需要我们和学生用心灵去感悟，用智慧去揭示，用毅力去承载。

教师的幸福和教师的待遇、人际关系、劳动强度、专业自主权、专业素养、物质生活环境等密切相关。其中，教师的自我价值实现和社会需求的契合度至关重要。所以，我们在积极改善教师物质生活环境、努力提高教师待遇的同时，应把教师的专业发展作为核心工作。只有教师的专业素养得到提高，工作时才能举重若轻、游刃有余，才能很好地享受工作过程的美感和成功的乐趣，体会到自我价值实现的幸福。我们要积极地创造条件，帮助每一位教师不断地超越自我、展示自我，体验成功的快乐，实现人生的价值。对于教师专业素养的提升，我们主要从以下几个方面进行了有益的探索。

(一)分享专家资源，体验与智者对话的快乐

1. 与高校沟通

从高校走出之后，经过若干年的教育跋涉，教师的知识已经陈旧，很难适应新形势下教育教学发展的需要，急需更新。但教师知识更新的任务靠个人是很难完成的。所以我们积极出面组织实施，主动与北师大、首都师范大学等高校联系，送教师重回高校学习，完成更新知识的任务，全面提高教育教学水平。

2. 与教研部门互动

教研部门可以直接引领教师进修与发展。我们特别注意加强与教研部门的沟通联系，通过定期邀请教研员参与学校的教学研讨会，鼓励教师主动加强与教研员的交流、承担研讨课开展工作、为区级教研活动提供便利条件等措施不断增强教师与教研部门的交流。

3. 与专家对话

专家引领是教师超越自我的有效方式，也是教师专业发展的快速通道。为此，我们尽可能地创设教师与专家面对面对话的机会。我们先后聘请了多位专家来学校开设讲座，拓宽了教师的视野，碰撞了教师智慧的火花，触动了教师的灵感，提升了教师的教育教学水平。

(二)同伴互助，享受共同成长的快乐

同伴互助是教师之间的对话、互动与合作，是民主、平等、自愿的帮助。互助的教师之间是一种平等的伙伴关系。同伴互助是一种民间的、个体的自发的学习研讨，是一种静悄悄的学习。它是教师之间共同成长的非常重要的学习形式。它主要包括同学科或者跨学科教师之间相互听课、评课，共同研讨教育教学问题，共同做课题研究等。带着专业成长的共同追求，教师之间平等交流，相互启迪，分享经验，切实改进了自己的教学行为，形成了自己的教学风格。

(三)在各种平台上展示自我，感受成功的喜悦

在教师专业发展的同时，我们积极为教师搭建各种展示交流的平台。

一方面对教师是锻炼和提高，另一方面也是给教师提供展示才华的机会。我们主要进行了骨干教师评选、教育教学基本功竞赛、五四优秀青年教师说播论比赛等一系列活动。在活动中，一大批教师尤其是青年教师脱颖而出。例如，在"北辰杯"全国班主任基本功大赛中，青年班主任杨芳、文东明、高喜存获得综合一等奖。教师在各种平台上体验了成功，收获了自信。虽然每天的工作很辛苦，但教师的心态越来越平和，眼界越来越开阔，步伐越来越稳健；他们静心教书、潜心育人，每一天都在扎扎实实地成长。

教师专业素质的发展、教育理念的提升、幸福指数的提高为学生的幸福发展提供了有力保障，全面推动了学校教育教学的发展。但是，我们前几年针对全校干部、教师、学生做的问卷调查呈现了几组值得反思的数据：在教育观念上，86.6%的教师认为自己的教学体现了新课程理念，而学生认可的仅有43.1%；82.1%的教师认为自己的教学广泛应用了学生主体参与的形式，而学生认可的仅为26.97%；71.6%的教师对自己的教学效果感到比较满意，而学生认可的为49.17%。这几组数据表明，教师的自我认可度在逐步提升，但是教师的自我感受和学生的认同之间有较大落差。这说明学生对校园学习生活的幸福需求还有很大的提升空间。如何让学生在校园真正体会到幸福，是我们一直在思考的一个问题。

经过充分的调查研究发现，营造宽松愉悦的学习氛围、尊重学生的个体差异、关注学生的生命质量是破解这个问题的重要途径。正是在这样的理念的引领下，我们进一步完善了课程体系，根据本校和学生的实际，整合了校内外的各种资源，丰富了课程设置。我们与中央音乐学院附属中学合作开设的新音乐教育课程取得了很好的教育效果，并产生了良好的反响；众多选修课满足了学生的个性化和特长发展需求；丰富而有特色的学生社团活动培养了学生的自主管理和动手实践能力；特色的主题教育活动课程提升了学生的公民素养。这些都为学生的可持续发展奠定了坚实的基础。

1. 丰富课程设置，满足学生的个性化发展需求

一所学校的教师资源、场地资源毕竟有限，要满足大多数学生的发展需求是一个难题。我们充分利用丰台区教委"方庄地区教育集群化"的项目，按照"学校牵头、科学规划、资源共享"的原则，充分挖掘整合方庄地区的优质教育资源，开设了一系列满足学生个性化发展需求的课程。

(1)开设生涯规划设计课程

我们与北师大发展心理研究院合作开设"三合一"课程，围绕认识自我、认识世界、规划人生的系列主题，重点关注学生的社会责任感、意志、人际交往能力等，帮助学生规划清晰的人生目标，让学生对大学、专业、就业和人生发展提前深度思考，规划人生发展的美好蓝图。我们还与丰台区职业教育中心学校合作开设动漫制作、电子商务、汽车驾驶、卫生保健、服装设计、家政理财等课程；通过一些理论的指导和实践的感受，引导和帮助学生为自己确定人生奋斗目标，让学生在目标的引领下去感受学习与生活的乐趣和意义。

(2)开设丰富多彩的选修课程

丰富多彩的课程是学生获得幸福感的源泉。从学生的兴趣和特长的需求出发，我们开发了多门校本课程，包括如下几类。

艺术美育类课程包括"创意无限，美丽生活"和音乐舞蹈、音乐合唱、

健美操、剪纸等。

信息技术类课程包括数独游戏、电脑绘画、数码摄影、校园电视台、网页设计等。

历史文化类课程包括历史人物赏析、书法、中国文化名人、北京胡同文化等。

自然科学类课程包括气象观测、身边的心理百科、火箭模型、定向越野、理化生自主实验设计、奇妙的仿生学等。

运动健康类课程包括桥牌、羽毛球、乒乓球、高尔夫、足球、篮球等。

选修课程的开发拓宽了学生学习的领域，激发了学生的学习兴趣，使学生体会到了学习的多姿和快乐。

（3）开设别具特色的新音乐教育课程

新音乐教育课程是以探索普通中学与专业艺术院校合作办学的有效模式为主要目的，以发挥办学优势与特色，形成资源共享、优势互补，共同打造艺术特色教育精品工程为最终目标的共建项目。该课程在形成艺术教育特色的同时，促进了学生综合素质的全面提升，实践了以美育人的教育理念，从而在北京市乃至全国树立了一个新型艺术教育的范例，并借此优势大力培养了一批有音乐特长的学生。新音乐教育课程不仅能满足社会需求，促进学生德育方面的发展，也能促进学生智育方面的发展，为学生的健康成长增添绚丽而和谐的音符。

2. 创新学习方法，为学生的终身学习奠基

学习是学生的主要任务，是学生永远也回避不了的话题。要为每一个学生提供适合的教育，教师要尽可能创造能够培养兴趣、鼓励挑战的教育

环境。课堂教学要求注重授人以渔，培养学生勇于探究、独立自主的学习意识和能力。我们在知识与更深刻、更具广泛意义的学习之间搭桥铺路，为学生继续学习和终身学习提供必要的方式方法，以满足科技快速发展和社会进步对人才的时代需求。为此，我们还承担了"高中生自主学习能力的研究"市级课题，在培养学生的自主学习能力方面有了较为成功的实践探索。科研成果《关注学生需求，引导自主学习》获得了较高的评价。

在学生学习方法的培养上，我们组织教师集中学习有关学习策略和理论的书籍，有组织地向学生渗透思维导图学习法，帮助促进学生学习效率的提高和发散性思维的培养，取得了很好的效果。为了更加关注学生的学习过程，重视学生的动手实践操作能力，尽量为学生提供更多的在"做中学"的机会，我们组建了功能完备的现代化实验室。在"理化生"的学习中，我们增加了实验型课程的比例，强化了学生的动手实践操作，使学生通过自己的探究感受知识的形成过程。

3. 组织多彩的校园活动，提升学生的校园生活质量

(1)组织科技教育活动

我们在多年的探索实践中逐步形成了科技教育的特色。我们始终把科技创新能力作为重要的培养目标。我们从开始的几个简单课外科技小组到现在丰富的科技课程设置，从丰台区中小学科技教育示范学校到北京市中小学科技教育示范学校、金鹏科技团，在科技教育活动上取得了初步的成效。

我们继续巩固和发展已有的优势科技教育项目，如航模、机器人、定向越野、气象观测等。在此基础上，我们继续开展以"探索丰台"为主题的科技创新大赛活动，根据本校的实际和新课程的要求，开发了单片机项

目，成立了单片机工作室。我们还利用课外小组、选修课、科技月等多种形式的活动提高学生的科技素养。

在丰富多彩的科技教育活动中，学生的创新精神和实践能力得到了培养，团队精神得到了加强。学生在活动中看到了自己的长处、挖掘了自己的潜能、培养了自己的信心。科技教育活动就像一个巨大的舞台，让所有的学生都能在这个广阔的舞台上充分彰显自己的才能，张扬自己的个性，释放自己巨大的能量。

(2)组织文艺教育活动

校园文化艺术是校园文化建设的重要组成部分，是各班增强集体凝聚力、培养学生干部、陶冶学生情操、建立和谐师生关系和同学关系的契机，是学生展示自己的平台，是学生转化的机会，是了解学生的窗口。为了丰富校园文化生活，培养学生的健康审美情趣和良好的艺术修养，努力营造积极向上、百花齐放、格调高雅、健康文明的文化艺术教育氛围，我们每年12月都举办校园文化艺术节活动。整个活动主要由班级合唱比赛、声乐器乐比赛、舞蹈比赛、课本剧比赛、诗歌朗诵比赛、小组唱比赛、书画摄影作品展组成。

思想解放创特色，科学发展强内涵。从艺术活动来看，学生参与人数多、参与程度深，对各班的班风建设起到了非常积极的促进作用，极大地推动了校园文化建设。文艺教育活动的开展充分激发了学生热爱艺术、勤奋学习、努力成才的热情，培养了学生的创新意识和创造能力，有力地推动了校园精神文明建设，提高了学生的综合素质。同时文艺教育活动的开展也展现了师生的良好精神面貌，展示了学生的个性和特长，增强了各班级的集体荣誉感，达到了艺术和谐与人际和谐的高度统一。

（3）开展体育活动

我们以田径、乒乓球、篮球市级传统校为依托，以"新新"国家级青少年体育俱乐部为合作平台，以全面提升学生的身体素质为宗旨，兼顾学生的特长与爱好，不断探索和发展特色体育，取得了突出的成绩。我们在多年的办学过程中为高校培养了众多等级的运动员，获得了诸多荣誉。随着学校新体育馆的落成和硬件条件的全面改善，我们将引进更多的专业人才，整合校内外资源，将体育引向更广、更高、更快的发展道路。

在为学生幸福人生奠基的教育之路上，我们一直在不断地思考和探索。理想的学校应该是这样的：校园幽雅、安静、优美，月月有花、四季常青，处处弥漫着书卷之香，教师充满爱心和责任感，学生脸上洋溢着舒心和自信，学习氛围张弛有度、愉快和谐，文化氛围健康向上、富有魅力。目前我们有的地方做得深一些、精一些，有的地方做得浅一些、粗一些，但是我们将一如既往地走下去，虚心向优秀的校长和教师学习，不断充实、提高自己，尽可能带好头、引好路，让自己的职业生涯多一些美好、少一些遗憾！我们坚信把这些工作做好了，将会更快实现为学生幸福人生奠基的教育理想！

十、首都现代化学校的发展愿景

（一）"聚·宽教育"推动社会主义核心价值观落地生根

党的十九大报告指出，社会主义核心价值观是当代中国精神的集中体现，凝结着全体人民共同的价值追求。要以培养担当民族复兴大任的时代新人为着眼点，强化教育引导、实践养成、制度保障，发挥社会主义核心价值观对国民教育、精神文明创建、精神文化产品创作生产传播的引领作用，把社会主义核心价值观融入社会发展各方面，转化为人们的情感认同和行为习惯。

党的二十大报告指出要广泛践行社会主义核心价值观。社会主义核心价值观是凝聚人心、汇聚民力的强大力量。

结合新时代的要求，我们立足校情，牢记立德树人的使命，明确"为谁培养人""培养什么人""怎样培养人"这三个根本问题，用社会主义核心价值观引领"聚·宽教育"办学理想的构建和深化，用"聚·宽教育"推动社会主义核心价值观落地生根。

(二)"聚·宽教育"课程润泽中培育践行社会主义核心价值观

我们依托集群和集团，在丰富的"聚·宽教育"课程润泽中培育践行社会主义核心价值观。

1."聚宽之体"课程

教育要促进人的全面发展，健康是基础。对于一个人来说，健康是享受幸福生活的前提；对于一个国家来说，健康是开创美好未来的根基；对于一个民族来说，健康是屹立世界民族之林的基础。

"聚宽之体"课程包括必修、选修两大类，涉及足球、篮球、击剑、形体、围棋、心理等课程。学生在身心健康中感受集体力量、体验运动乐趣、遵守规则自由、强健身体素质。

2."聚宽之心"课程

(1)"聚宽至知"认知类课程

我们开设了"聚宽至知"认知类课程，使学生有感情、有温度地理解和认识社会主义核心价值观的内涵。例如，我们定期举行以"培育和践行社会主义核心价值观"为主题的班会、征文比赛、演讲、情景剧等，引导学生形成文化认同、培养爱国主义情感，引导学生"记住要求、心有榜样、从小做起、接受帮助"，自觉践行社会主义核心价值观。

(2)"聚宽至情"体验类课程

我们积极开发"聚宽至情"体验类课程，让学生在体验中凝聚力量、净化心灵、陶冶情操、升华精神，自觉内化社会主义核心价值观。例如，微光益志愿者协会自2012年成立以来，一直秉持"关注社会，关爱他人，乐于奉献，携手同行"的初衷，募集资金到大兴区爱晚老年护养院、南苑福利院开展敬老活动，到社区看望孤寡老人；多次参加由中国社会福利基金会组织的河北、河南、辽宁送温暖活动。

3."聚宽之脑"课程

(1)学科融合

教师深入挖掘学科知识中蕴含的社会主义核心价值观素材，开发多种资源让知识传授、能力培养和价值观渗透自然融合一起，从培养人、教育人、关注学生健康成长的角度进行课堂改革，培养学生的科学精神、探究意识、实践创新精神，培养有学科自信和学科兴趣的学生，在润物细无声中落实社会主义核心价值观教育。

例如，在历史课上，中国民族资本主义的曲折发展历程中"实业救国"

思潮的兴起、群众性反帝爱国运动的兴起，还有民族企业家在逆境中顽强拼搏的精神，使学生能够明白国家"富强""民主"的重要性，以及"爱岗敬业"是十分令人赞赏的职业道德。

（2）"聚·宽教育"课堂价值追求

教师在校本研训中不断探究、不断实践，构建了"聚·宽教育"课堂价值追求，细化了"怎样培养人"的育人目标，使社会主义核心价值观教育落地生根。

4."聚宽之行"课程

（1）"聚宽至礼"仪式类课程

我们积极建设"聚宽至礼"仪式类课程。例如，2017届成人仪式以"践行青春誓言，立志扬帆远航"为主题，在国子监大成殿门前举行，场面恢宏、感人。学生在仪式中感受成长，在仪式中学会感恩，在仪式中体察生命，内化了社会主义核心价值观。

（2）"聚宽至行"实践类课程

我们系统开设"聚宽至行"实践类课程，将社会主义核心价值观融入实践活动，培养学生的实践能力和创新能力。例如，《聚·宽校报》已经出版了多期。它紧紧围绕培育和践行社会主义核心价值观，以学生为中心，是由学生参加完成从选题到出版的全过程的。

（三）在共建共享中培育践行社会主义核心价值观

集群坚持"各美其美，美美与共"的原则，坚持彼此包容、尊重、共建，形成了横向贯通、纵向衔接、纵横融通的课程体系，促进了区域教育的优质、均衡发展。

1. 横向贯通开发集群生态德育课程

集群突破了学校间的边界，在实现课程资源开放共享、优势互补的基础上，采用横向贯通的方式，开发了集群生态德育课程。例如，这类课程有芳星园中学美德工程课程、东铁匠营第二小学微党课。

2. 纵向衔接开发集群文化课程

集群针对幼、小、中不同学段开发了纵向衔接的集群文化课程。我们以卢沟桥传说、永定河传说、怪村太平鼓等多项非物质文化遗产为内容，开发了"探索丰台"等集群文化课程，使学生在课程的开发和学习中自觉形成知丰台、爱丰台、建丰台的情感。

3. 纵横融通开发集群实践课程

集群利用区域优势开发了纵横融通的集群实践课程，让学生进社区、企业、法院、检察院、丰台区职业教育中心学校等进行了实地考察，在实践中加强了学生的社会主义核心价值观教育。

(四)创新育人方式，培育践行社会主义核心价值观

1. 转变育人理念，为创新育人方式营造共识

(1)营造育人文化环境

我们对教学楼、围墙、功能教室、绿化美化进行了整体设计。校园四周绿树环绕，鲜花接替开放，浮雕和楼梯墙体宣传画，文化石上的校训，楼梯间、楼层走廊宣传栏，教室外墙宣传画，各班教室门口的班级简介和教室里的各种宣传栏，班级发展目标、班规、班训、班级活动剪影、学生

优秀作品等，体现了教师、学生是学校文化主体的理念，实现了环境育人的目的。

（2）转变治理模式

我们构建了集团的文化实现机制。例如，集团人民调解委员会主要负责集团教育教学纠纷的调解工作，并提供法律服务和法制培训工作；旨在化解师生间、学生间、学生与家长间、教师与家长间的矛盾，营造了和谐的教育环境，使各个主体自觉地内化和践行了社会主义核心价值观。

（3）转变教师发展方式

我们提倡教师专业自发性发展的指导思想，旨在唤醒教师自我成长的内在需求，以及职业生命中的价值意识、专业意识、教育意识、生命意识，进而与教育教学工作形成相互促进的良性循环，激发教师强烈的敬业精神。

2. 坚持以学生为本，实现育人方式的多样化

（1）转变教与学的方式

我们坚持"以学习者为中心"的教学理念，开展了学习共同体研究，以相互倾听、真实性、挑战性问题为三个支点，旨在建立一种合作探究、民主平等、求真创新的环境。这不仅提高了学生的学习效率，还培养了学生的民主平等思想、合作的精神和责任感。

（2）搭建个性化的育人平台

我们主动为学生搭建个性化、多样化的育人平台。例如，我们广泛开设各类选修课，组建并开展丰富多彩的学生社团活动，让学生参与组织学

校的重大活动等。学生不仅锻炼了各种能力，还进一步获得了教育的情感体验、道德提升和价值体悟，实现了自我教育。

在今后的工作中，我们会将社会主义核心价值观教育与各项工作更加紧密结合起来，不断创新工作思路、创新工作方式，努力开创学校各项工作的新局面。

后　记

在当今这个快速发展、日新月异的时代，教育作为国家发展的基石，承载着培养社会主义建设者和接班人的重任。2024年，恰逢习近平总书记提出"四有"好老师10周年，又逢《中共中央 国务院关于弘扬教育家精神加强新时代高素质专业化教师队伍建设的意见》发布，北京师范大学出版社特策划出版"四有"好老师系列丛书。我有幸参与撰写了《追梦区域一体化教育》一书，希望通过个人的成长经历和教育实践，为广大教育工作者提供参考与启示，为加强新时代高素质专业化教师队伍建设出一份力。

本书从我的求学之路开始，讲述了我如何从一个普通学生，站上三尺讲台，进而成为一名校长，最终开创教育集群、创办十八中教育集团的过程。在这一路上，我深刻体会到了教育的力量和教师的责任，亲身参与并见证了区域教育的探索与发展。

在第一章，我分享了我的求学经历和对区域教育的初步探索。在这一阶段，我意识到教育的真谛在于不断求索与革新。在第二章，聚焦教师的成长路径，从个体自发性的成长到构建教师发展共同体，我试图探讨如何通过"切磋琢磨"促进教师的专业成长。在第三章，我讨论了如何在新时代背景下培养具有君子品性的现代人，强调了育人现代化的重要性。在第四章，我详细描述了方庄教育集群的探索过程，展示了共享、共治、共赢的教育理念如何在实践中得以落实和发展。

在撰写本书的过程中，我深感教育事业的伟大与艰巨，也更加坚定了我继续在教育领域探索和奋斗的决心。感谢北京师范大学出版社给予的机会，让我得以将自身的经历、经验和思考进行梳理并分享给更多的人。同时，也要感谢所有支持和帮助过我的人，是你们的支持和鼓励让我有勇气不断前行，追逐教育的梦想。

特别感谢我前行路上的伙伴魏韧、王志清、李金栋，以及丰台区教工委原党委书记宋金忠、教委原主任冯晓光、清华大学附属中学原校长王殿军。同时，感谢李奕、顾明远、方中雄、王定华等领导、专家对方庄教育集群建设的亲身指导。在撰写本书的过程中，我的同事郭秀平、我的学生卢迪、《中国教育报》原资深记者陈中原和我的爱人贺千红给予了大力支持。此外，感谢方庄教育集群的校长园长们，感谢丰台区委、丰台区政府和丰台区教工委、教委历届领导对学校和我本人的支持。

最后，愿我们所有的教育工作者都能携手并进，在这个伟大的时代，大力弘扬教育家精神，持续提升自身的素质素养，争做"四有"好老师，共同为实现中华民族的伟大复兴，培养出更多德才兼备的新时代青年而努力奋斗。

管　杰

2024 年 8 月

图书在版编目（CIP）数据

追梦区域一体化教育/管杰著 . —北京：北京师范大学出版社，
2025.1.（"四有"好老师系列丛书）. —ISBN 978-7-303-30131-7

Ⅰ. K825.46

中国国家版本馆 CIP 数据核字第 2024ZY8232 号

营 销 中 心 电 话　010-58805385
北 京 师 范 大 学 出 版 社
主题出版与重大项目策划部

ZHUIMENG QUYU YITIHUA JIAOYU

出版发行：北京师范大学出版社　www.bnupg.com
　　　　　北京市西城区新街口外大街 12-3 号
　　　　　邮政编码：100088
印　　刷：北京盛通印刷股份有限公司
经　　销：全国新华书店
开　　本：730 mm×980 mm　1/16
印　　张：20.25
字　　数：243 千字
版　　次：2025 年 1 月第 1 版
印　　次：2025 年 1 月第 1 次印刷
定　　价：88.00 元

策划编辑：祁传华　　　　　　　责任编辑：孟　浩
美术编辑：王齐云　　　　　　　装帧设计：王齐云
责任校对：张亚丽　　　　　　　责任印制：马　洁　赵　龙